EVANGELISCHE HEIMAT

Kirchen in Westfalen

Herausgegeben
im Auftrag
der Evangelischen Kirche von Westfalen
von
Gerhard E. Stoll

Fotos
Reinhard Elbracht

Bildtexte
Horst Moldenhauer

Luther-Verlag 1993

Titelbild

Das „Westfälische Abendmahl" im Nordportal der Kirche St. Maria zur Wiese (Wiesenkirche) Soest.
In dem um 1500 geschaffenen Glasgemälde wird die Verbindung des gotischen Kirchenraumes mit der westfälischen Landschaft deutlich.
Dargestellt sind in vier Gruppen, an drei Seiten des Tisches, die Jünger mit Jesus. Alle sitzen auf der gleichen Bank.
Einer ist von der Gesellschaft ausgeschlossen: Judas, der Verräter.
Die Szene stellt den Zeitpunkt unmittelbar vor der Einsetzung des Mahles dar. Demgemäß waren noch andere Speisen als Brot und Wein auf dem Tisch. Es handelt sich um eine typische Bauernmahlzeit: Das westfälische Brot, also der Pumpernickel, das westfälische säuerliche Altbier, der westfälische Schinken und der westfälische Korn.
Dieses Miteinander und Nebeneinander heiliger und profaner Speise hat die Darstellung dieses Glasgemäldes berühmt gemacht und ihm den Namen „westfälisches Abendmahl" eingetragen.

Rückseitenbild

Tafelkreuz in der Martinikirche der Evangelisch-reformierten Kirchengemeinde Netphen.
Auf den Flächen des geschlossenen Kreuzes wird durch ein Bibelwort aus dem Johannesevangelium auf die Geburt Jesu Bezug genommen.
Die Darstellungen in den Tafeln des geöffneten Kreuzes zeigen, reformiertem Bekenntnisstand entsprechend, keine Menschenbilder, sondern in der Taufszene die Taube und rechts im Abendmahl den Kelch, durch den die Gegenwart des Herrn erkennbar wird.
Die Farben hinter den Kreuzen der Schächer bedeuten – Grün – die Paradieshoffnung (links), die Jesus seinen Mitgekreuzigten zugesprochen hatte, und das Blau aus der Taufszene (rechts) als Zeichen der Treue Gottes zu seinem Bund.
Jahrhundertealte Eichenbalken aus dem ehemaligen Pfarrhaus wurden für die Gestaltung und Herstellung des 1982 von Wolfgang Kreutter, Bad Berleburg, geschaffenen Kreuzes verwandt.

ISBN 3-7858-0352-4

Lithographien: Prinz + Scholz, Bielefeld
Satz und Druck: PPK · Partner für Print und Kommunikation GmbH, Bielefeld-Sennestadt
Buchbinderische Verarbeitung: PDC · Paderborner Druck Centrum GmbH, Paderborn
Printed in Germany

Inhalt

Geläut im 1990 errichteten Turm der Melanchthonkirche in Dortmund.

Heimatkirchen in Westfalen

Die evangelische Kirche versteht sich von Anfang an als eine Kirche des Wortes und als Kirche des lokalen parochialen Ereignisses. Beide Feststellungen sind auch prägend für Architektur und Kirchenkunst auf dem Gebiet der heutigen Evangelischen Kirche von Westfalen. Und ein Drittes: Diese Kirchen wollen der gottesdienstlichen Gemeinde Heimat sein.
Keines der wechselnden politischen Systeme, weder Kaiserreich noch Weimarer Republik, weder Nationalsozialismus noch die Besatzungsmächte nach 1945, hat etwas an der territorialen Situation der Evangelischen Kirche von Westfalen verändert. Fast 180 Jahre lang gibt es also diese regionale Kirche – nicht nur unverändert in ihren geographischen Grenzen, sondern beständig auch in ihren Grundfesten von Glaube, Bekenntnis und Kirchenverfassung.

Einführung

Bekenntnis und Baukunst

Den beiden Elementen – Bekenntnis und Baukunst – hatte der Kirchenbau hierzulande zu dienen, sei es die vorreformatorische Architektur oder die nach 1517 in sehr differenzierter Weise zwischen Orthodoxie und Pietismus oder im Zeichen der Union manifestierte Kirchenarchitektur – bis zu der entkonfessionalisierten und säkularisierten Kirchenkunst unserer Tage.
Wir finden im Westfalen des 19. Jahrhunderts, besonders in den neu entstehenden Ballungszentren an Ruhr und Emscher, eine rege Kirchenbautätigkeit. Die Kirchenverwaltungen haben darauf mit Richtlinien diese Neubauarbeit zu regeln versucht. So fordert das sogenannte „Eisenacher Regulativ" von 1861, deutlich den Altar hervorzuheben, um einen sakralen Mittelpunkt des Kirchenbaus zu schaffen und dabei an die historischen Baustile, möglichst an die Gotik, anzuschließen. Die Kanzel wird zweitrangig, vollends die Orgel. Diese baugeschichtliche Position wird vor allem von liberaler Seite kritisiert. So kommt es 1891 zu einer Gegenerklärung, dem sogenannten „Wiesbadener Programm". Kanzel und Orgel sollten wieder ihre verlorengegangene Bedeutung erlangen.
Das größte Bauprogramm hat die westfälische Landeskirche nach 1945 erbracht. Viele alte Kirchen waren zerstört und mußten wieder aufgebaut werden; die Notkirchen (man denke an den Architekten Otto Bartning) entstanden – und Flüchtlingsgemeinden in der Diaspora bauten sich Gottesdiensträume mit einer bescheidenen Sakristei, einer kleinen Kaffeeküche und mit Jugendkellern. So entstanden viele schlichte Quartiere für die gottesdienstliche Gemeinde, ohne daß man sich mit den hehren Kirchenbauten früherer Jahrhunderte oder stolzer protestantischer Tradition zu messen wagte.
Das vorliegende Buch ist erfüllt von Beispielen schwacher und starker Kirchenbaukunst, von gelungenem Werk und manifest gewordener Gemeindefrömmigkeit.

Kirche der Evangelischen Kirchengemeinde Ohle (Kirchenkreis Plettenberg). St. Martin zu Pferd (um 1500).

St. Simeoniskirche der Evangelisch-Lutherischen St. Simeonis-Kirchengemeinde Minden. Barocke Kanzel mit spätgotischen Füllungen mit Tieren und Rankenwerk.

Ein Teil westfälischer Kirchengeschichte

Es gab – streng genommen – nie ein mehrheitlich „evangelisches Westfalen". Die Evangelischen waren hierzulande immer in der Minderheit gegenüber einer römisch-katholischen Mehrheit. In einzelnen Regionen jedoch, wie etwa in den Erweckungsgebieten des 19. Jahrhunderts in Minden-Ravensberg oder in den ursprünglich nassauischen Regionen Wittgenstein und Siegerland, wie im säkularisierten Ruhrgebiet, gab und gibt es auch heute protestantische Mehrheiten. Wir leben derzeit in ständig wachsender Säkularisation, in den Kirchen wird häufiger ein Kulturdenkmal als eine Stätte gottesdienstlicher Anbetung erkannt.

Die evangelischen Christen leben in Westfalen in einem konfessionell sehr durchmengten Land. Viele kirchliche Kunstschöpfungen, zahlreiche vorreformatorische Baudenkmäler, die künstlerische Ausbeute vieler kreativer Generationen, werden derzeit von Protestanten und Katholiken verwaltet. Jahrhundertelang hatte man darum gerauft; derzeit ist eine friedliche Koexistenz zwischen den Konfessionen angesagt.

Es war der große gottlose Napoleon Bonaparte, der nach dem Reichsdeputations-Hauptschluß von 1803 den klerikalen Kämpfen um historische Werte und Gebiete im Kirchenbau dieses Landes ein Ende bereitete. Seit dem Wiener Kongreß von 1815 hat man in Preußen – und als dies gilt Westfalen seit den Hardenberg-Steinschen Reformen allemal – eine Kirchenordnung von 1835 und hernach seit 1870 eine protestantische säkularisierte Zivilisation und unierte Klerisation vorgenommen. Im Ruhrgebiet hat sich dieser Protestantismus mit zeitgenössischer Qualität architektonisch manifest gemacht mit auch aus heutiger Sicht oft scheußlichen, kurzlebigen „Kirchenschuppen".

Die Teile und das Ganze

Es werden also hier große und kleine Kirchenkreise auf jeweils vier Seiten vorgestellt. Herford und Recklinghausen, Enger und Bottrop, Soest und Iserlohn haben jeweils ganz unterschiedliche kirchliche Kunst vorzuzeigen. Sie wurden in diesem Buch aber alle gleich behandelt und gleich bewertet.
Einige Spezialitäten dieser Kirchenkunst sind, unabhängig von den Kirchenkreisen, in diese Einführung eingestreut. Es sind Bilder von Unikaten der Kirchenkunst, einzigartige Schöpfungen, die in keinem Museum stehen, aber auch absonderliche künstlerische Leistungen, allesamt zur Ehre Gottes geschaffen.

Danken möchte ich dem Fotografen dieses Bandes, Reinhard Elbracht. Er hat oft mühsam das Vertrauen von Küstern, Presbyterien und Pfarrern erwerben müssen, um über mehrere Jahre hin diese Aufnahmen zu machen. Danken möchte ich Landeskirchenbaudirektor i. R. Horst Moldenhauer für die Definition der Bauwerke und für die Formulierung der Bildlegenden. Danken möchte ich Redakteur Michael Strauß, der die Redaktion der kreiskirchlichen Porträts für diesen Bildband besorgt hat (Namensliste Seite 148). Danken möchte ich schließlich Landeskirchenrat Gerhard Senn als dem theologischen und künstlerischen Berater bei dieser Arbeit.
Die Leserinnen und Leser werden erkennen, daß wir hier zwar 33 selbständige Kirchenkreise vorstellen – gleichwohl aber Teile der einen Evangelischen Kirche von Westfalen, die als geschlossene Kraft Mitglied in der Evangelischen Kirche der Union und der Evangelischen Kirche in Deutschland ist.

Gerhard E. Stoll
Frühsommer 1993

Münsterkirche der Evangelisch-Lutherischen Münster-Kirchengemeinde zu Herford. Älteste Kirche in Herford. Vierteilige Sanduhr vom Ende des 17. Jahrhunderts an der Kanzel, zur Kontrolle der Predigtdauer.

Matthäuskirche der Evangelisch-Lutherischen Matthäus-Kirchengemeinde Hagen. Betonglasfenster von Rudolf Vombek, Herdecke, 1965.

Karte der Evangelischen Kirche in Westfalen mit ihren 33 Kirchenkreisen. Kanäle und Flüsse, die Westfalen durchfließen, sind blau ausgewiesen.

Im Land der tausend Berge

Im „Land der tausend Berge" liegt der Kirchenkreis Arnsberg. Zwischen Wickede im Westen und Marsberg im Osten, zwischen Warstein im Norden und Medebach im Süden erstreckt er sich über die Höhen und Täler des Hochsauerlandes. Auf 1700 Quadratkilometern leben fast 45000 evangelische Christen in 14 Kirchengemeinden. In einer mehrheitlich katholischen Bevölkerung bilden die Evangelischen eine Minderheit: Ihr Anteil liegt bei unter fünf Prozent in ländlichen und knapp 20 Prozent in städtischen Bereichen.

Die Existenz in der Diaspora hat eine lange Geschichte: Bis zum Beginn des 19. Jahrhunderts ist das Hochsauerland unter der geistlichen Herrschaft des Erzbischofs von Köln fast ausschließlich katholisch geprägt.

Links:
Landschaft bei Arnsberg mit ihren ausgedehnten Wäldern und vielen Bergen.

Arnsberg, seit 1816 preußischer Regierungssitz; ab 1817 planmäßige Anlage eines neuen Regierungsviertels um den Neumarkt mit evangelischer Kirche, Verwaltungsgebäuden und Wohnhäusern für Beamte.
Auferstehungskirche der Evangelischen Kirchengemeinde Arnsberg: Kreuzförmiger Zentralbau, einer für Westfalen seltenen Raumform, nach einem Entwurf der Regierung (in Arnsberg), unter Einfluß und Mitwirkung von Karl Friedrich Schinkel, erbaut 1822 bis 1825.

Im Zuge der napoleonischen Eroberungen fällt das Gebiet 1803 an den evangelischen Landgrafen von Hessen-Darmstadt. Das bringt die Religionsfreiheit und viele evangelische Soldaten und Beamte ins Land. 1815 wird es preußisch und erlebt eine weitere Zuwanderungswelle.

Die Wahlsauerländer gründen neue Kirchengemeinden, die von Anfang an „uniert" ausgerichtet sind, das heißt sie vereinen evangelisch-lutherische und evangelisch-reformierte Christen. 1834 schließen sie sich der Synode Soest an. Diese Zugehörigkeit ändert sich erst nach

Christuskirche der Evangelischen Kirchengemeinde Wickede/Ruhr. 1960 errichtet nach Plänen des Architekten Walter Kuschel, Hagen. Verglasung nach Entwürfen von Hans Gottfried von Stockhausen, Esslingen/Neckar.

Christuskirche der Evangelischen Kirchengemeinde Wickede/Ruhr. Mosaik über dem Altar von Paul Gerhard, Hagen, 1965.

dem Zweiten Weltkrieg. Durch den Zuzug vieler Vertriebener aus den ehemaligen deutschen Ostgebieten wachsen die evangelischen Gemeinden derart an, daß sie sich 1964 zu einem eigenständigen Kirchenkreis zusammenschließen: dem Kirchenkreis Arnsberg.

Seine Grenzen stimmen zwar nicht genau mit denen des Hochsauerlandkreises überein, doch eines hat der Kirchenkreis im „Land der tausend Berge" mit dem kommunalen Kreis gemein: die weiten Entfernungen. Wer ihn bereisen möchte, muß etwas Zeit mitbringen – für die 100 Kilometer von West nach Ost und die 80 Kilometer von Nord nach Süd.

Ein Ort der Diakonie

Was sieht man in Bielefeld? fragt ein alter Stadtführer aus dem 16. Jahrhundert und zählt vor allem kirchliche Einrichtungen auf. Deren gibt es in der Tat viele. Seit frühester Zeit ist die Bielefelder Region von christlichen Einflüssen geprägt: Es finden sich Spuren iroschottischer Mönche ebenso wie des Klosters Corvey. Und auch die Gründung des ehemaligen Damenstiftes in Schildesche läßt auf eine frühe christliche Prägung schließen. Heute umfaßt der Kirchenkreis Bielefeld nördlich des Teutoburger Waldes 38 Kirchengemeinden mit 142 000 Mitgliedern.

Vieles, was der alte Stadtführer aufzählt, gehört mittlerweile zum reichen historisch-kirchlichen Erbe: „die Evangelisch-Lutherische Kirche ad S. Nicolaum, beim Markte,

Blick über Bielefeld, von der Sparrenburg aus, auf die Neustädter Marienkirche und die Altstädter Nicolaikirche, mit neuem Turmhelm nach 1955 auf dem alten Schaft.

Evangelische Nicolaikirche der Altstädter Nicolaikirchengemeinde Bielefeld. Abendmahlskelch, zweite Hälfte 14. Jahrhundert.

Epiphanias-Kirche der Evangelisch-Lutherischen Kirchengemeinde Vilsendorf. 1962 errichtet nach Plänen des Architekten Günther Klussmann, Bielefeld.

das verfallene Süsterkloster in der Güsenstraße, das Kloster zum Marienthal genannt, so anitzo von denen Evangelisch-Reformierten zu ihrem Gottesdinst gebraucht wird, und Selbigen den 17. Januarij 1682 gnädigst eingeräumt worden".

Das mittelalterliche „waysenhaus" mit seinem Zucht- und Spinnhause ist noch nicht der Anfang jener Diakonie, die später so prägend für Bielefeld und Umgebung werden sollte. Die Einrichtungen der christlichen Nächstenliebe sind weniger aus der Stadt erwachsen, als vielmehr aus der ländlich geprägten Erweckungsbewegung des Ravensberger Landes. Diese wollte unter anderem das bäuerliche Leben vor dem Sittenverfall in der Stadt und den Gefahren der beginnenden Industrialisierung schützen.

So nahm etwa das „Rettungshaus", eine Wurzel des heutigen Johanneswerkes, junge Menschen aus der Stadt auf. Zuletzt, gewiß aber nicht gering, die v. Bodelschwinghschen Anstalten, die seit Mitte des 19. Jahrhunderts als Beispiel für den christlichen Dienst am Nächsten weltweit stehen: „Bielefeld bei Bethel" heißt es nicht selten.

Rechts:
Kirche Peter und Paul der Evangelisch-Lutherischen Kirchengemeinde Heepen. 1236 als Mutterkirche von Bielefeld erwähnt. Christuskopf eines Altar- oder Triumphkreuzes (Ende 14. Jahrhundert).

Evangelisch-Lutherische Stiftskirchengemeinde Schildesche. Stiftskirche (14./15. Jahrhundert), spätgotischer Schnitzaltar (1501), Ausschnitt. Links: Tanz der Salome (Matthäus 14, 3 bis 11). Rechts: Namengebung und Beschneidung des Täufers (Lukas 1, 59 bis 64).

Tief im Westen

„Tief im Westen, wo die Sonne verstaubt, ist es viel besser, als man glaubt." Was der Rocksänger Herbert Grönemeyer über seine Heimatstadt Bochum singt, entspricht auch dem Lebensgefühl vieler Christen im Revierkirchenkreis. In den 25 Kirchengemeinden begegnet man nicht nur den Spuren der industriellen Aufbauphase, sondern auch gewachsener Gemeinschaft und liebevoll gepflegter Traditionen. Die Bochumer sind stolz auf ihre Harpener Vinzentiuskirche oder die Stiepeler Dorfkirche mit ihrer sommerlichen „Fliegenkirmes". Dieses ehemalige Kirchweihfest hat seit vielen Jahren nicht nur bei den Evangelischen einen „Stein im Brett".

Obwohl der Kirchenkreis Bochum zu den Kirchenkreisen mit der größten Gemeindezahl in Westfalen gehört, umfaßt er nicht das gesamte Stadtgebiet der Industrie- und Universitätsstadt an der Ruhr. Die Gemeinden in Wattenscheid zählen bis auf Eppendorf zum benachbarten Kirchenkreis Gelsenkirchen. Die Hälfte der Bochumer Christen, rund 140 000, ist evangelisch.

Zwar sammeln sich die ersten evangelischen Christen bereits vor etwa 450 Jahren in Bochum, doch das Gesicht der Kirchengemeinden ist vor allem durch die Industrialisierung im 19. Jahrhundert geprägt: Durch das rasche Wachstum der Industrie steigt die Bevölkerungszahl rapide an. Die Gemeinden wachsen mit und teilen das harte Schicksal der Stahlkocher und Bergarbeiter. Im Laufe der Jahre bilden sich zahlreiche Tochtergemeinden. Um 1860 hat der

Die Innenstadt von Bochum wurde nach den Zerstörungen des Zweiten Weltkrieges völlig neu angelegt. Die Pauluskirche (Mitte 17. Jahrhundert) ist 1950 unter Verwendung von Resten der historischen Bausubstanz neuzeitlich wieder hergestellt worden.

Kirchenkreis Bochum seine größte räumliche Ausdehnung: von Essen bis Dortmund und von Dülmen bis Witten.

Auf konfessionelle Eigenheiten legen die meisten Menschen in Bochum keinen Wert, schließlich lebt man hier – nicht nur historisch gesehen – in einem kulturellen und religiösen „Schmelztiegel“. In Bochum ist Toleranz gefragt, nicht mehr nur zwischen den christlichen Konfessionen, sondern auch zwischen Christen und Muslimen.

Lutherkirche der Evangelischen Kirchengemeinde Bochum (am Stadtpark), errichtet 1911. Eine der wenigen Kirchbauten in Westfalen aus der Zeit des Jugendstils.

St.-Vincentius-Kirche der Evangelischen Kirchengemeinde Harpen. Bergmannsfenster unter der Südempore (1942).

Unten:
Christuskirche der Evangelischen Kirchengemeinde Bochum. Neubau von 1959 nach Plänen des Architekten Professor Dieter Oesterlen, Hannover, an der Stelle der 1943 fast völlig zerstörten Kirche, neben dem weitgehend erhaltenen Turm aus 1879.

Rechts:
Ausschnitt aus der überwiegend figürlichen Malerei der zweiten Hälfte des 12. Jahrhunderts in der Dorfkirche der Evangelischen Kirchengemeinde Stiepel. In der nördlichen Apsis ist der Bethlehemitische Kindermord dargestellt, links neben der gemalten, die Apsis begrenzenden Säule, auf der Ostwand des Querhauses die Flucht nach Ägypten.

Dorfkirche der Evangelischen Kirchengemeinde Stiepel. Reizvoll über dem Ruhrtal gelegener Bau aus dem 12. Jahrhundert, der später zu einer zweijochigen Hallenkirche umgebaut wurde. Besonders bemerkenswert sind Malereien des 12. bis 16. Jahrhunderts, die 1952 freigelegt wurden.

Blick über Dortmund. Vorn Mitte St. Reinoldi, die älteste Kirche der Innenstadt; vorn rechts die St. Marienkirche aus dem frühen 13. Jahrhundert.

Keimzellen der Kultur

Als der Dortmunder Stadthistoriker Heinrich Wenke aus Spaß den Dortmunder Stadtplan auf einer Nadelspitze ausbalancierte, machte er eine interessante Entdeckung: Der Metallstift zeigte genau auf den Turmknauf der St. Reinoldikirche. Die zentrale Lage spricht für sich. Die Gemeinden in und um die Wälle herum waren schon im Mittelalter Keimzellen der Kultur in der alten Hansestadt.

Damals spielten die Kirchen für die verschiedenen gesellschaftlichen Gruppen eine wichtige Rolle: In der Reinoldikirche, die den Namen des Stadtpatrons trägt, traten Stifts- und Ratsherren zusammen. Die benachbarte Marienkirche war ein Treffpunkt für die Dortmunder Bürger. Die Handwerkerzünfte feierten ihre Gottesdienste in der Petrikirche.

Die zentrale Lage der 14 evangelischen Gemeinden zwischen den sozialen Brennpunkten der Nordstadt und dem kommerziellen Treiben in den Kaufhäusern und Boutiquen entlang des Westenhellwegs bedeutet eine Verpflichtung der Kirche, immer wieder Fürsprecher der Benachteiligten zu sein. „Kirche in der City" heißt ein Projekt, mit dem die evangelischen Kirchen zu Häusern der Kommunikation für alle Bürgerinnen und Bürger werden wollen. Dazu gehören vielfältige Angebote im Bereich der Kulturarbeit und offene Kirchentüren, damit die Gebäude als Treffpunkte genutzt werden können.

Wer den flächenmäßig kleinsten Kirchenkreis der westfälischen Landeskirche besucht (36 Quadratkilometer), der sollte auf die zahlreichen kirchenmusikalischen Veranstaltungen achten. Sie haben sich einen guten Ruf erworben: Konzerte des Bachchors an St. Reinoldi und der Dort-

St. Reinoldikirche der Evangelischen St. Reinoldi-Kirchengemeinde Dortmund. Unter dem heutigen Langhaus wurden Teile einer Saalkirche aus der zweiten Hälfte des 10. Jahrhunderts gefunden. Die bestehende weiträumige dreijochige Pfeilerbasilika stammt aus dem dritten Viertel des 13. Jahrhunderts. Blick in den zweijochigen Chor (Mitte 15. Jahrhundert) und auf das bronzene Adlerpult (um 1450).

Turm der Melanchthonkirche der Evangelischen Melanchthon-Kirchengemeinde Dortmund. 1990 nach einem Entwurf der Architekten Krug und van der Minde, Hagen. Das Kirchenschiff wurde bereits 1968 errichtet.

munder Kantorei locken mittlerweile Menschen von weit her in die oft gar zu wenig besuchten Gotteshäuser der Innenstadt. Die jüngste Entwicklung zeigt, daß junge Christen ihre Innenstadt nicht aufgeben wollen. Das hängt auch mit den Nachwirkungen des Kirchentags im Ruhrgebiet 1991 zusammen.

Rechts:
Nicolaikirche der Evangelischen St. Nicolai-Kirchengemeinde Dortmund. Erster evangelischer Kirchenbau, bei dem die tragenden Teile vollständig aus Stahlbeton bestehen. 1930 errichtet durch die Architekten Karl Pinno und Peter Grund, Dortmund.

Unten:
Nicolaikirche, Blick in den Innenraum, bei dem das architektonische Programm – Stahlbeton und Glas – erkennbar ist. Die 1945 zerstörten Fenster wurden 1963 durch eine neue Verglasung von Hans Gottfried von Stockhausen, Esslingen/Neckar, ersetzt.

Links:
St. Johann-Baptist-Kirche der Evangelischen Kirchengemeinde Brechten (zweite Hälfte des 13. Jahrhunderts), inmitten eines teilweise erhaltenen Gebäuderinges aus Fachwerkhäusern.

Im Zeichen der Zechen

Im Kirchenkreis Dortmund-Nordost erfährt der Reisende extreme soziale Gegensätze: Einerseits kann er hier die Atmosphäre dörflicher Gemeinschaft erleben, andererseits die Anonymität einer Trabantenstadt. Rund 60 000 Evangelische leben auf den 83 Quadratkilometern nördlich des Hellwegs.

Nahe am Zentrum der Großstadt ist die Region stark geprägt von den ehemaligen Zechen Minister Stein und Gneisenau sowie der Stahlproduktion in der Westfalenhütte. Sie sind Monumente des wirtschaftlichen Wandels, Denkmäler der Industrialisierung.

Kirche der Evangelischen Kirchengemeinde Brackel. Der in seinem Ursprung aus dem Ende des 12. Jahrhunderts stammende Bau wurde um 1495 umgestaltet, Reste von Wand- und Gewölbemalerei aus dem 12. bis 16. Jahrhundert wurden 1957 aufgedeckt und teilweise ergänzt.

Lutherkirche der Evangelisch-Lutherischen Kirchengemeinde Asseln. 1903 bis 1906 errichtet nach Plänen des Architekten Gustav Mucke, Hagen. Die Ausstattung aus der Erbauungszeit ist fast vollständig erhalten und ein Zeugnis evangelischen Kirchenbaues im Sinne des Eisenacher Regulativs von 1861. (Vergleiche Seite 8.)

Das soziale Engagement spielte stets eine große Rolle in den elf Kirchengemeinden im Dortmunder Nordosten. Nicht nur mit Blick auf die Solidarität mit den Arbeitern und Angestellten bei der schwierigen Anpassung an neue Technologien, sondern auch zum Beispiel bei der Betreuung von Asylsuchenden. Die Menschen in der Trabantenstadt Neu-Scharnhorst werden von der evangelischen Schalom-Kirchengemeinde und der katholischen Franziskus-Kirchengemeinde in ökumenischer Verbundenheit begleitet.

Neben den interessanten Objekten der Kirchenbaukunst sollte der Besucher nicht vergessen, einen Abstecher zum Haus Beckhoff in Brackel zu machen. Das Gebäude ist eine historische Rarität. Das alte Fachwerkhaus wurde vor einigen Jahren vom Brackeler Hellweg auf den Vorplatz der mittelalterlichen Kirche umgesetzt. Jetzt dient es als Treffpunkt, Café und Veranstaltungsort. Weitere wichtige Baudenkmäler im Kirchenkreis Dortmund-Nordost sind die Kirchen in Wickede, Derne und Brechten.

Lutherkirche der Evangelisch-Lutherischen Kirchengemeinde Asseln. Altar, Fußbodenbelag und Ausmalung sind aus der Erbauungszeit 1903 bis 1906 erhalten.

Kirche St. Peter der Evangelischen Kirchengemeinde Syburg – Auf dem Höchsten in Hohensyburg. Der gedrungene Westturm vom Anfang des 13. Jahrhunderts steht vor dem im letzten Weltkrieg stark zerstörten Kirchenschiff, das beim Wiederaufbau wesentliche Änderungen erfuhr.

Rings um die Kirche St. Peter in Hohensyburg vorhandener alter **Friedhof** mit zahlreichen Einzel- und Doppelgrabsteinen hauptsächlich des 16. bis 18. Jahrhunderts.

Kontraste, Kontraste

In einer Landschaft voller Kontraste liegt der Kirchenkreis Dortmund-Süd. Er erstreckt sich zwischen den Hochöfen des Stahlkonzerns Fried. Krupp AG Hoesch-Krupp in Hörde, der Dortmunder Universität und dem Naherholungsgebiet am Hengsteysee. Hier wird deutlich: Das Ruhrgebiet ist nicht nur Industriestandort, sondern verfügt auch über attraktive Angebote im Freizeitbereich. Der See und die umliegenden Waldflächen sind eine der „grünen Lungen“ Dortmunds; hierher kommen viele Erholungssuchende zum Spazierengehen, Bootfahren oder Surfen.

Voller Kontraste ist auch die Architektur der Kirchen- und Gemeindebauten. Mittelalterliche Dorfkirchen stehen neben „Pavillon“-Bauten aus der Zeit des Wiederaufbaus und der Gründung neuer Wohngebiete nach dem Zweiten Weltkrieg. 75000 evangelische Christen leben in dem 90 Quadratkilometer großen Kirchenkreis.

Bemerkenswert ist die fast 800 Jahre alte evangelische Kirche St. Peter an der Hohensyburg. Bereits im Jahr 799 soll an dieser Stelle durch Papst Leo III. eine Kirche geweiht worden sein. Einen Steinwurf entfernt steht ein moderner „Wallfahrtsort“:

Kirche St. Georg der Evangelischen Kirchengemeinde Aplerbeck aus der zweiten Hälfte des 12. Jahrhunderts. Bei dem in der Kirche stehenden figurenreichen Taufstein handelt es sich um einen Abguß. Das Original aus dem Ende des 12. Jahrhunderts befindet sich im Museum am Ostwall in Dortmund.

Links:
Alte Kirche der Evangelischen Kirchengemeinde Wellinghofen. Die Turmuhr wird noch heute von dem 1697 datierten Werk betrieben.

Gemeindezentrum der Evangelischen Kirchengemeinde Wellinghofen in Wichlinghofen. 1985 errichtet nach Plänen des Architekten Günter Lechtenbrink, Dortmund. Die Verglasung des Gottesdienstraumes erfolgte nach einem Entwurf von Hilde Hoffmann-Schulte, Dortmund.

das Spielkasino Hohensyburg, das bereits durch seine bauliche Erscheinung ein Abbild des gesellschaftlichen Wandels darstellt.

Im Schatten der ehemaligen Wehrkirche St. Peter liegt der alte Kirchhof. Die Grabsteine aus dem 15. und 16. Jahrhundert bilden eine der ältesten Begräbnisstätten des Ruhrgebiets. Noch ältere Zeugnisse von Kultur und Religion finden sich in Aplerbeck, Eichlinghofen, Kirchhörde und Wellinghofen. Hier stehen Kirchengebäude, deren Ursprünge in das 12. und 13. Jahrhundert zurückreichen.

Von Idylle keine Spur

Eng verknüpft mit dem Strukturwandel im ehemaligen Bergbaurevier ist auch die Geschichte des Kirchenkreises Dortmund-West. Schon wenige Jahre nach seiner Gründung im Jahr 1961 wurde das Leben in den 14 Kirchengemeinden zwischen Mengede und Lütgendortmund durch mehrere Zechenschließungen erschüttert. Spuren der Arbeitskämpfe ziehen sich noch heute durch den Kirchenkreis. Unter anderem mit der „Holzwerkstatt" wurden Beschäftigungsmöglichkeiten für arbeitslose Jugendliche und Erwachsene im Programm „Arbeit statt Sozialhilfe" geschaffen.

Von der Bergbauindustrie zeugen auch die zahlreichen Zechensiedlungen zwischen Dortmund-Mengede und Bövinghausen. Obwohl sie vom wirtschaftlichen Aufschwung der Vergangenheit zeugen, haben sie mit „Ruhrpott"-Idylle nichts zu tun. Wer an den kleinen grauen Einfamilienhäusern aus den 20er und 30er Jahren vorbeifährt, an den bescheidenen Vorgärten und den Obstbäumen, bekommt kaum nostalgische Gefühle. Zu sehr erzählen die Fassaden von Entbehrung und dem immer wiederkehrenden Kampf um Arbeit und Auskommen.

Links:
St. Remigiuskirche der Evangelischen Kirchengemeinde Mengede (Mitte 13. Jahrhundert), von einem Ring schlichter Fachwerkhäuser umgeben.

St. Remigiuskirche der Evangelischen Kirchengemeinde Mengede. **Altarbild „Heimkehr des verlorenen Sohnes"** (um 1865), 1902 gestiftet von Pfarrer Hausemann.

Schloßkirche der Evangelischen Kirchengemeinde Bodelschwingh (zweite Hälfte des 14. Jahrhunderts). Üppig geschnitzte Kanzel aus der ersten Hälfte des 18. Jahrhunderts.

Rechts:
Immanuelkirche der Evangelischen Immanuel-Kirchengemeinde Marten, im Stil des Historismus um 1908 von Arno Eugen Fritsche, Elberfeld, erbaut. Die historische Ausstattung ist weitgehend erhalten, die Ausmalung wurde nach Befunden 1985 bis 1988 vollständig rekonstruiert. Die Ordnung des Wiesbadener Programms, Altar – Kanzel – Orgel übereinander, ist erhalten.

Nach wenigen Kilometern wieder Gegensätzliches: Abseits der Wohngebiete bewegt sich der Reisende unvermittelt zwischen Feldern und kleinen Waldstücken. Sie weisen darauf hin, daß auch der Dortmunder Westen ursprünglich einen ländlichen Charakter hatte.
In der Tat hat die Region eine lange Siedlungsgeschichte. Zeugnisse dafür sind die St. Remigiuskirche in Mengede aus dem 13. Jahrhundert und die Schloßkirche in Bodelschwingh aus dem 14. Jahrhundert. Historische Bedeutung haben überdies die Bartholomäuskirche in Lütgendortmund, deren älteste Fundamente auf das 12. Jahrhundert zurückgehen, sowie die Jugendstil-Kirche der Immanuel-Kirchengemeinde in Marten.

Von Toleranz geprägt

Wer an Gelsenkirchen denkt, denkt wohl zuerst an Schalke; an den traditionsreichen FC 04. Doch Gelsenkirchen ist nicht nur Fußball, sondern auch das vielfältige Leben eines Ruhrgebietskirchenkreises, das von großer Toleranz geprägt ist.

Von den traditionellen lutherischen Gebetsvereinen über die immer noch tragende Stärke der Frauenhilfen bis zur Arbeit von Umwelt-, Friedens- und Eine-Welt-Gruppen reicht die Palette des Engagements. Nicht zu vergessen die gemeinsamen Veranstaltungen von Christen und Muslimen. Viele der rund 40 000 Ausländer, die im Kirchenkreis leben, hängen dem islamischen Glauben an.

Ebenso vielfältig wie das Gemeindeleben präsentieren sich dem Besucher die Kirchengebäude. Das älteste in Gelsenkirchen ist die Bleckkirche am Ruhrzoo; erbaut 1750, stellt ihr Altarbild ein „westfälisches Abendmahl" dar.

Alte Kirche der Evangelischen Kirchengemeinde Wattenscheid, um 1686.

Der Kirchenkreis hat in seinen 22 Kirchengemeinden 140 000 Mitglieder. Neben den Stadtbereichen Buer im Norden und Gelsenkirchen in der Mitte gehört auch der größte Teil von Bochum-Wattenscheid zum Kirchenkreis. Der Anteil katholischer und evangelischer Christen in der Bevölkerung ist etwa gleich.
Im nördlichen Ruhrgebiet nimmt der Kirchenkreis an der Strukturkrise im Emscher-Lippe-Raum teil. Gelsenkirchen und Wattenscheid leben von der Industrie: Deshalb macht sich die Krise im Bergbau und Stahlsektor besonders bemerkbar. Die dort wegrationalisierten Arbeitsplätze können durch die beiden großen verbleibenden Industriezweige nicht aufgefangen werden: die Stromerzeugung und die Petrochemie. Seit Jahren hat Gelsenkirchen die höchsten Arbeitslosenzahlen in Westfalen, das gilt auch für 1993.

Alte Kirche der Evangelischen Kirchengemeinde Wattenscheid. Gedenktafel.

Stephanuskirche der Evangelischen Kirchengemeinde Buer, 1970 nach einem Entwurf von Professor Peter Grund, Darmstadt, errichtet.

Dreifaltigkeitskirche der Evangelischen Kirchengemeinde Buer-Erle, um 1903 im neugotischen Stil errichtet. Die Ausstattung der Erbauungszeit ist weitgehend erhalten.

Das soziale Gewissen der Landeskirche

Evangelische Kirche in Gladbeck, Bottrop und Dorsten ist in erster Linie Kirche in der Stadt. Keines der Kirchengebäude überstand den Bombenhagel des Zweiten Weltkriegs unbeschädigt. Die Mehrzahl der neuen Kirchen wurde in den 50er Jahren geplant und in den 60er Jahren errichtet. Die Kirche kam zu den Menschen in die Stadtteile. Hier „vor Ort" leben und arbeiten sie ja auch. Der Kirchenkreis wird als das „soziale Gewissen der Landeskirche" bezeichnet – nicht nur wegen des Engagements seiner Superintendenten.

Er grenzt im Norden, Süden und Westen an die Evangelische Kirche im Rheinland. Rund 80 000 Gemeindeglieder verteilen sich auf 14 Kirchengemeinden. Der Kirchenkreis entstand durch die Teilung des Kirchenkreises Recklinghausen im Jahr 1961. Fragt man nach der konfessionellen Zusammensetzung, so stellt man fest, daß die Mehrheit der Gemeinden uniert ist. Es gibt aber auch lutherische Gemeinden.

Der Kirchenkreis verbindet die drei Städte Gladbeck, Bottrop und Dorsten nicht zufällig. Der Zusammenhalt ist sowohl organisatorischer als auch inhaltlicher Art. Die Geschichte auch dieser Gemeinden ist ohne die industrielle Entwicklung im Ruhrgebiet nicht denkbar. Die Menschen in der Emscher-Lippe-Region leben auf der Kohle, und sie lebten lange Zeit von ihr.

In den ersten Jahrzehnten dieses Jahrhunderts waren es vor allem die Zuwanderer aus dem Osten, aus Schlesien und anderswo, die das Bild der drei Städte prägten.

Blick auf Bottrop mit der Martinskirche der Evangelischen Kirchengemeinde Bottrop-Altstadt, 1884 von H. Bramsfeld, Elberfeld; der Turm und ein Seitenschiff von Architekt Heidsiek, Mühlheim, errichtet.

Heute weisen sie einen hohen Anteil an ausländischen Mitbürgerinnen und Mitbürgern auf. Diese stammen zumeist aus der Türkei und sind Muslime. Kirche in der Stadt zu sein, bedeutet deshalb zunehmend auch, das multikulturelle Zusammenleben zu fördern.

Auferstehungskirche der Evangelischen Kirchengemeinde Bottrop-Batenbrock, nach Plänen von Professor Peter Grund, Darmstadt, 1962 errichtet. Fenster über dem Altar.

Petruskirche der Evangelisch-Lutherischen Kirchengemeinde Gladbeck-Brauck, Architekt Professor Karl Wimmenauer, Wiesbaden, 1967.

Versöhnungskirche der Evangelisch-Lutherischen Kirchengemeinde Gladbeck-Brauck, errichtet nach Plänen der Architekten Horst Sandtmann und Professor Friedhelm Grundmann, Hamburg, 1962. Portal von Professor Peter Dreher, Freiburg.

Kirche der Evangelischen Kirchengemeinde Wulfen. Architekt Toivo Korhonen, Helsinki, 1962, der auch die Inneneinrichtung entworfen hat.

Der Ortskern von Gütersloh mit Fachwerkhäusern (17. bis 19. Jahrhundert) um den Kirchplatz der Apostelkirche. Die in ihren Ursprüngen aus dem 13. Jahrhundert stammende Kirche wurde 1944 bis auf den Turm zerstört. Das Langhaus wurde völlig neu errichtet. Im Hintergrund die Martin-Luther-Kirche, von 1857 bis 1861 von Christian Heyden, Barmen, ist eine bemerkenswerte neugotische Hallenkirche.

Tendenz: uneinheitlich

Im Herzen Ostwestfalens findet der Reisende den Kirchenkreis Gütersloh. Mit seinen 121 000 Gemeindegliedern und 20 Kirchengemeinden gehört er zu den größeren in der westfälischen Kirche. Charakteristisch für ihn ist seine Uneinheitlichkeit. Er erstreckt sich von Ennigerloh und Beckum im Süden bis Bielefeld-Brackwede und die Kammlage des Teutoburger Waldes und gliedert sich in drei Regionen: Da gibt es einerseits die zur Großstadt Bielefeld gehörenden Kirchengemeinden Brackwe-

de, Senne und Sennestadt, zusammengeschlossen im Gesamtverband Brackwede. Die Bevölkerung in diesem Gebiet ist überwiegend evangelisch.
Das Zentrum des Kirchenkreises ist die Stadt Gütersloh mit den umliegenden Ortschaften. Gütersloh hat ebenfalls seit der Reformation eine starke evangelische Tradition; es wurde überdies mitgeprägt durch die Erweckungsbewegung in Minden-Ravensberg im 19. Jahrhundert. Als eine Stadt mit starkem wirtschaftlichem Wachstum vor allem in den Bereichen Medien und Haushaltsgeräte stellt sich für die große Gesamtkirchengemeinde Gütersloh die Frage nach neuen Formen und Strukturen des Gemeindelebens.
Die dritte Region des Kirchenkreises erstreckt sich über die Städte Rheda-Wiedenbrück, Oelde, Beckum, Ennigerloh, Wadersloh, Rietberg und Schloß Holte-Stukenbrock. Außer Rheda sind sie alle vornehmlich katholisch geprägt. Historisch bedeutsame Kirchengebäude sind die Apostelkirche und die Martin-Luther-Kirche in Gütersloh sowie die Stadtkirche in Rheda.
Aufgrund der drei verschiedenen Regionen mit ihren unterschiedlichen geschichtlichen und konfessionellen Traditionen sowie separaten kommunalen und wirtschaftlichen Strukturen ist eine Identität des Kirchenkreises nur schwer auszumachen.

Jesus-Christus-Kirche der Evangelischen Kirchengemeinde Sennestadt, Architekt Professor Dieter Oesterlen, Hannover, 1964.

Hostienteller (um 1700) aus der Stadtkirche der Evangelischen Kirchengemeinde Rheda.

Unten:
Stadtkirche der Evangelischen Kirchengemeinde Rheda. Die kleine Hallenkirche wurde 1611 in gotisierenden Formen aus einem älteren Vorgängerbau umgebaut. Die Fürstenempore ist aus dem Anfang des 18. Jahrhunderts.

In diesem Bereich gibt es noch einige überregionale kirchliche Einrichtungen: Seit 1974 arbeitet in Brackwede das Evangelische Presse- und Verlagshaus, das Oberzentrum aller publizistischen Wirkungsfelder der Evangelischen Kirche von Westfalen ist. Und – nicht zu vergessen – Eckardtsheim, eine wichtige Teilanstalt von Bethel, und der alte Beckhof in Sennestadt – Zentrum der ökumenischen Nachbarn mit gottesdienstlichem Angebot von Ost und West, verträgliche Uneinheitlichkeit.

Bartholomäus-Kirche der Evangelisch-Lutherischen Bartholomäus-Kirchengemeinde Brackwede. Chorverglasung nach Entwürfen von Raphael Seitz, Heilbronn, 1992. Die Kirche war nach einem Großbrand während der Renovierungsarbeiten eingestürzt. Das 1892 errichtete Kirchenschiff (der Turm stammt aus dem 17. Jahrhundert) wurde 1991/92 wiederaufgebaut. Mittelfenster der Chorverglasung: Der auferstandene Christus feiert mit seinen Freunden, unter denen auch Bartholomäus ist, ein Mahl an einem neuen Morgen (Johannes 21, 1–14).

Pforte des Sauerlandes

Eine der größten Behinderten- und Rehabilitationseinrichtungen der Bundesrepublik liegt im Kirchenkreis Hagen: die „Evangelische Stiftung Volmarstein". Sie umfaßt die Orthopädischen Anstalten, das Berufsbildungswerk und das Forschungsinstitut Technologie-Behindertenhilfe. Hier werden rund 1200 körperbehinderte Menschen vom Schulpflichtigen- bis zum Rentenalter betreut.

Geographisch gesehen befindet sich der Kirchenkreis auf der Grenze zwischen Ruhrgebiet und Sauerland. Mit seinen 26 Kirchengemeinden, die sich in 13 lutherische, zehn unierte und zwei reformierte sowie die Anstaltskirchengemeinde Volmarstein gliedern, zählt er zu den größeren Kirchenkreisen in Westfalen. Hier leben 110 000 evangelische Christen auf einer Fläche von 212 Quadratkilometern.

Blick über Hagen-Helfe mit dem Ökumenischen Gemeindezentrum; der evangelische Teil trägt den Namen Jakobus-Kirche, der katholische Teil St. Andreaskirche. Der Gesamtkomplex wurde 1978 nach einem Entwurf der Architekten Krug und van der Minde, Hagen, errichtet.

Jakobuskirche der Evangelischen Jakobus-Kirchengemeinde Hagen im ökumenischen Gemeindezentrum Hagen-Helfe. Klappretabel von Eva Niestrath, Hagen, Kreuz von Helmut Lander, Darmstadt, 1978.

Evangelienpult in der Jakobuskirche der Evangelischen Kirchengemeinde Breckerfeld, 1987 von Josef Baron, Unna-Hemmerde.

Sein Mittelpunkt ist die Großstadt Hagen, die sich als regionales Oberzentrum und „Pforte des Sauerlandes" versteht: Von hier aus sind die Erholungssuchenden vor allem aus dem östlichen Ruhrgebiet schnell im Märkischen und im Hochsauerland mit seinen Wäldern und Talsperren. Im Westen gehören die Ruhrtal-Kirchengemeinden Herdecke, Ende, Volmarstein und Wetter zum Kirchenkreis, im Süden Breckerfeld. Die beiden großen Konfessionen sind etwa gleich stark vertreten.

Da die Stadt Hagen relativ jung ist und im Zweiten Weltkrieg fast völlig zerstört wurde, muß der Reisende in Sachen Kirchenbaukunst die Stadt verlassen, denn die ältesten Kirchen liegen im Umfeld, so in Dahl und Volmarstein, in Ende und Herdecke.

Wirtschaftlich ist der Kirchenkreis neben den Dienstleistungsgewerben durch klein- und mittelständische Betriebe der metallverarbeitenden Industrie geprägt. Er hat dadurch Anteil an der Krise der Montanindustrie.

Rechts:
Matthäuskirche der Evangelisch-Lutherischen Matthäuskirchengemeinde Hagen; Architekt Peter Hübotter, Hannover, 1965.

Eine nahrhafte Gegend

Im Unterschied zur Großstadt Halle an der Saale ist Halle in Westfalen eine Kleinstadt am Teutoburger Wald mit 18 000 Einwohnern. Dieser Ort gibt dem Kirchenkreis seinen Namen. Bis zur Gebietsreform im Jahr 1973 gab es auch den politischen Kreis Halle, der mit dem Kreis Wiedenbrück zum Kreis Gütersloh vereinigt wurde. Der Kirchenkreis Halle behielt aber seine Selbständigkeit, auch wenn er mit 56 000 Gemeindegliedern in acht Kirchengemeinden zu den kleinsten Kirchenkreisen Westfalens gehört.

Halle und die umliegenden Städte sind eine „nahrhafte Gegend": Die größte deutsche Süßwarenfabrik ist in Halle angesiedelt; Versmold ist durch seine Fleischwarenfabriken bekannt geworden; Borgholzhausen hat einen Namen als „Lebkuchenstadt"; Steinhagen gilt als „Schnapsdorf". Und die weltbekannte Mähdrescherfabrik in Harsewinkel bleibt indirekt auch mit dem Thema Ernährung verbunden.

Bis auf Harsewinkel und Marienfeld – münsterländisch-katholisch geprägt –, ist die Bevölkerung überwiegend evangelisch,

Blick auf Borgholzhausen, das Ravensberger Land und die aus dem 13. Jahrhundert stammende Kirche, einem einschiffigen, kreuzförmigen Bau.

Kirche der Evangelisch-Lutherischen Kirchengemeinde Bockhorst. Altarbild „Jesus den Kelch segnend“ von Raphael Schall, aus der Schule der Nazarener, gemalt im Jahre 1839.

Kirche in Hörste der Evangelisch-Lutherischen Kirchengemeinde Halle (16. Jahrhundert). Altar mit Darstellungen der Heilsgeschichte und Apostel (um 1700).

mit einem starken volkskirchlichen Bewußtsein. Von der Erweckungsbewegung im Minden-Ravensberger Land ist der Kirchenkreis nur wenig berührt worden. Die erste Missionsveranstaltung, mit der der zeitliche Beginn der Erweckungsbewegung angesetzt wird und der die „Ravensberger Missionsfeste" folgen sollten, fand zwar 1835 in Steinhagen statt; erkennbare Spuren haben sie aber nicht hinterlassen. Das sah lediglich in Werther, von Halle aus gesehen „achtern Biarge" (hinter dem Berg), anders aus.

Heute noch sichtbare Spuren hat die kirchliche Kunst vergangener Jahrhunderte in Halle und Umgebung hinterlassen: Dem Reisenden präsentieren sich die Kirchen aller acht Kirchengemeinden als Baudenkmale.

St. Johannis-Kirche der Evangelisch-Lutherischen Kirchengemeinde Halle (Mitte 13. Jahrhundert), inmitten des reizvollen, rings umbauten Kirchplatzes. Im 15. Jahrhundert wurde das südliche Seitenschiff mit Quergiebeldächern hinzugefügt.

Blick über Hamm mit der Lutherkirche, 1734–39 von Johann Michael Moser, Unna, erbaut, einem Beispiel für das Weiterleben mittelalterlicher Formen, auch im evangelischen Kirchenbau Westfalens und mit der Pauluskirche, einer großen Hallenkirche auf der Grenze von Früh- und Hochgotik.

Historische Auseinandersetzungen

Nachdem 1817 König Friedrich Wilhelm III. von Preußen die Union von Lutheranern und Reformierten verfügt hatte, wurde 1818 der „Synodalbezirk Hamm" gebildet. Das war die Gründung des heutigen Kirchenkreises. Zuvor aber gab es heftige interkonfessionelle Auseinandersetzungen vor allem im Bereich der Stadt Hamm.

1624 gehörten von den damals 1000 Einwohnern nur etwa zehn der lutherischen und fünf der katholischen Kirche an; das

Lutherkirche der Evangelischen Kirchengemeinde Hamm. Kanzelaltar aus der Erbauungszeit (1734–39) von Christoph Dörendahl.

Pankratiuskirche der Evangelischen Kirchengemeinde Mark (frühes 12. Jahrhundert). Der Chor, aus der ersten Hälfte des 14. Jahrhunderts, ist umfangreich ausgemalt (um 1330) und zeigt im Gewölbe des Chorjochs die Majestas Domini, umgeben von der Heiligen Maria, Johannes Baptist, Martin, Evangelistensymbolen und Gestirnen.

Kirche in Rhynern der Evangelischen Kirchengemeinde Rhynern-Drechen, 1665–67 als Sechseckbau mit Pyramidendach errichtet. Altartisch und Kanzel zweite Hälfte des 18. Jahrhunderts. Kreuz mit den Symbolen der Evangelisten, von Wolfgang Kreutter, Bad Berleburg, 1977.

reformierte Bekenntnis hatte sich nach 1609 mehrheitlich durchgesetzt. Als 1650 und 1651 lutherische Gottesdienste in eigens dafür gekauften Privathäusern gefeiert werden sollten, wollten die Reformierten das nicht dulden. Erst nachdem ein lutherischer preußischer Oberst damit gedroht hatte, die reformierte Kirche zu schließen, konnten die Gottesdienste stattfinden.

Zu einer weitergehenden Verständigung zwischen den beiden Kirchengemeinden kam es nach dem großen Stadtbrand von 1741, in dem die reformierte St. Georgskirche stark beschädigt wurde. Insbesondere dadurch, daß nun die Reformierten die in den Jahren 1734 bis 1739 erbaute Lutherkirche mitbenutzen durften.

Heute leben die 110 000 evangelischen Christen der 19 Gemeinden im Kirchenkreis Hamm ohne konfessionelle Spannungen zusammen. Ökumenische Zusammenarbeit gibt es auch in den Gebieten von Ahlen, Sendenhorst und Werne, die überwiegend katholisch geprägt sind.

Die wirtschaftliche Situation des Kirchenkreises in der geographischen Mitte der westfälischen Kirche ist vor allem durch die Kohle- und Stahlindustrie bestimmt. Die Städte Ahlen und Hamm sind nach wie vor Zechenstandorte. Die frühere Bedeutung der Landwirtschaft in einigen Regionen des Kirchenkreises geht mehr und mehr zurück.

Hattingen hat einen großen Bestand an schönen Fachwerkhäusern des 16. bis 19. Jahrhunderts. In der Mitte die St. Georgskirche der Evangelischen St. Georgs-Kirchengemeinde Hattingen. Vom Bau des 13. Jahrhunderts, der 1424 abgebrannt ist und um 1450 wieder aufgebaut wurde, sind nur wenige Reste erhalten.

Eine sichtbare Zäsur

Zwar liegt der Kirchenkreis Hattingen-Witten am Rande des Ruhrgebietes, doch er teilt mit ihm dessen Sorgen und Nöte: Immer wieder rücken die Probleme der Schwerindustrie in das allgemeine und kirchliche Bewußtsein. Im Kampf um die Erhaltung der Stahlarbeitsplätze in Hattingen und Witten 1987 und 1993 standen evangelische Pfarrer mit den Arbeitern in vorderster Reihe. Kirche und Gewerkschaft bilden einen Arbeitskreis, der in der Bewältigung der zahlreichen sozialen Schwierigkeiten immer wieder Orientierung anbietet. Die 20 Kirchengemeinden mit ihrer unterschiedlichen Prägung vereinen knapp 95000 Mitglieder zwischen den großen Polen Hattingen und Witten. Nie ist der Kirchenkreis, der 1933 gegründet wurde, zu einer völligen Einheit zusammengewachsen. Die Ruhr war und ist eine sichtbare Zäsur. 1970 erklärte der westfälische Präses D. Hans Thimme: „In der Evangelischen Kirche von Westfalen gibt es keinen Kirchenkreis mit derselben vielfältigen, lebendigen, produktiven Rivalität wie Hattingen-Witten."

Doch nicht nur gemeindliche und kreiskirchliche Aktivitäten und Einrichtungen prägen den Kirchenkreis. Er ist auch Standort überregionaler kirchlicher Einrichtungen: Das Volksmissionarische Amt der westfälischen Kirche befindet sich seit 1955 in Witten, und auch das Frauenheim Wengern der westfälischen Frauenhilfe ist als Hilfseinrichtung für leicht behinderte Frauen hier beheimatet.

Christuskirche der Evangelisch-Lutherischen Christus-Kirchengemeinde Witten, Architekt Herwarth Schulte, Dortmund. Altar und Kreuz mit Korpus von Wolfgang Kreutter, Bad Berleburg, 1964.

Daß auch eine pietistisch orientierte Frömmigkeit im Kirchenkreis zu Hause ist, zeigt nicht zuletzt „Haus Friede" in Hattingen, die Bildungs- und Erholungsstätte der Landeskirchlichen Gemeinschaft. Das Diakoniewerk Ruhr in Witten ist als eine der großen Ausbildungsstätten für Sozial- und Pflegeberufe im Ruhrgebiet ebenfalls im Kirchenkreis angesiedelt. Hier befindet sich auch die evangelische Diakonenanstalt Martineum.

Links:
Kirche der Evangelischen Kirchengemeinde Wengern. Urkundlich 1246 erwähnt, 1891 eingreifend umgebaut und nach Osten erweitert. Die Holzdecke und das Orgelgehäuse stammen aus dieser Zeit.

Kirche der Evangelischen Kirchengemeinde Wengern. Das Lesepult (Holz), von Hildebrand Rebien, 1688, ist Teil einer noch vorhandenen reichen Ausstattung aus dem Ende des 17. Jahrhunderts.

Blick über Herford mit seinen alten Kirchen. Von links: Die Jakobikirche im Stadtteil Radewig (14. Jahrhundert), die Johanniskirche in der 1224 gegründeten Neustadt, die Münsterkirche, im Ursprung um 1220 als Kirche eines um 790 gegründeten Damenstiftes in der Altstadt, und die Marienkirche Stift Berg aus dem 14. Jahrhundert, als Kirche des Frauenstiftes auf dem Berge errichtet.

Von der Erweckung geprägt

Von der Erweckungsbewegung im 19. Jahrhundert geprägt ist der Kirchenkreis Herford. Besonders bei den älteren Gemeindegliedern sind die Namen der Erweckungsprediger Volkening und Schmalenbach und ihr Wirken unvergessen. Zahlreiche Christliche Vereine Junger Menschen (CVJM) und Posaunenchöre, aber auch die meisten diakonischen Einrichtungen im Kirchenkreis verdanken ihre Entstehung der Minden-Ravensberger Erweckungsbewegung.

Konfessionell gesehen gründen sich fast alle Gemeinden des Kirchenkreises auf das lutherische Bekenntnis. Die einzige Ausnahme macht die Petri-Kirchengemeinde in Herford, die reformiert ist.

Insgesamt leben 162 000 evangelische Christen in den 38 Kirchengemeinden. Zu ihnen gehören auch die beiden treuhänderisch verwalteten Gemeinden Bad Sachsa und Tettenborn im Harz – Erbe der deutschen Trennung. Der Kirchenkreis umfaßt den größten Teil des politischen Kreises Her-

Stiftskirche der Evangelisch-Lutherischen Kirchengemeinde Enger, in mehreren Abschnitten vom 12. bis 14. Jahrhundert errichtet. Der freistehende Glockenturm ist nachmittelalterlich.

ford, die Bevölkerung ist überwiegend evangelisch.

Städtische Zentren in diesem zu großen Teilen ländlich strukturierten Kirchenkreis sind Bünde, Enger, Spenge und Herford. Die Kreisstadt, im Mittelalter ihrer vielen Kirchen wegen „Sancta Herfordia" genannt, fühlt sich in besonderer Weise der Kirchenmusik verbunden. Seit 1948 hat hier die Hochschule für Kirchenmusik der westfälischen Kirche ihren Sitz. Unvergessen ist in diesem Zusammenhang auch „Posaunengeneral" Johannes Kuhlo aus Jöllenbeck, der aus pietistischer Motivation das geistliche Bläserwesen bis weit über die Grenzen Minden-Ravensbergs hinaus entfaltete. An sein Wirken erinnern beispielhaft die Kantatefeste der Münsterkirche in Herford.

Links:
Laurentiuskirche der Evangelisch-Lutherischen Kirchengemeinde Bünde (13. Jahrhundert). Östliches Chorfenster „Laurentius auf dem Rost“, Entwurf Ute Rakob, Bünde/Wien, 1988.

Rechts:
Stiftskirche der Evangelisch-Lutherischen Kirchengemeinde Stift Quernheim. Kirche des 1147 gegründeten Augustinerinnenklosters; nach der Reformation adliges Damenstift. Versperbild (Holz) aus dem Anfang des 16. Jahrhunderts, dem Meister von Osnabrück zugeschrieben.

Unten:
Johanniskirche der Evangelisch-Lutherischen Johanniskirchengemeinde Herford. Reiche Ausstattung, um 1620, weitgehend erhalten. Hier ein Teil der Südempore.

Blick auf Herne mit der 1875 von P. Zündel in neugotischen Formen errichteten Kreuzkirche der Evangelischen Kreuz-Kirchengemeinde Herne. Im Inneren werden die Kirchenvorstellungen dieser Zeit nach dem Eisenacher Regulativ von 1861 aufgegriffen. (Vergleiche Seite 8)

Region der Zuwanderer

Entlang der Emscher in westöstlicher Richtung erstreckt sich der Kirchenkreis Herne. Sieht man von dem Sonderfall der Teilkirchenkreise der Vereinigten Kirchenkreise Dortmund einmal ab, so ist er mit 95 Quadratkilometern flächenmäßig der kleinste in Westfalen. 100000 Menschen gehören der evangelischen Kirche an.

Der Anteil der katholischen Bevölkerung ist etwa gleich groß. Immer größer wird indessen die Zahl derer, die keiner christlichen Kirche angehören. Der Anteil der Muslime wächst ständig.

Die Geschichte der Region ist schon früh von Zuwanderern geprägt. Mit dem aufstrebenden Bergbau im 19. und 20. Jahrhundert kamen viele Menschen vor allem aus Mittel- und Osteuropa in das Ruhrgebiet. Nach dem Zweiten Weltkrieg siedelten sich hier auch zahlreiche Flüchtlinge an.

So ist es nicht ungewöhnlich, daß Gottesdienste in masurischer Sprache noch einer erinnerbaren Vergangenheit angehören. Ostpreußische Gebetsvereine haben eine segensreiche Wirkung bis in die Gegenwart.

Kreuzkirche der Evangelischen Kreuz-Kirchengemeinde Herne. **Das Turmziffernblatt** ist eines der originellsten und schönsten aus der zweiten Hälfte des 19. Jahrhunderts in Westfalen.

Kirchenkreis Herne

Auch der Kirchenkreis Herne ist wie viele andere westfälische Kirchenkreise von der Strukturkrise des Ruhrgebiets betroffen. Die Zechen der Umgebung wurden nach und nach stillgelegt. Große neue Industriebetriebe, die Ersatzarbeitsplätze schaffen könnten, siedelten sich nicht an. Die Arbeitslosenzahl ist hoch.

Besonders engagiert ist der Kirchenkreis in der „Dritte-Welt"-Arbeit. Institutioneller Ausdruck dafür ist das „Informationszentrum Dritte Welt", das sowohl Bewußtseinsarbeit in Sachen internationaler Gerechtigkeit betreibt als auch praktische Hilfe für Flüchtlinge anbietet.

Dreifaltigkeitskirche der Evangelischen Dreifaltigkeits-Kirchengemeinde Herne; Architekt Herwarth Schulte, Dortmund, 1965.

Stephanuskirche der Evangelischen Kirchengemeinde Holsterhausen, Architekt Professor Dieter Oesterlen, Hannover, 1960.

Rechts:
Betonglasfenster in der Stephanuskirche nach einem Entwurf von Helmut Lander, Darmstadt, 1960.

Süderländisches Eisen

Rauhe Schale, weicher Kern – das sind die überlieferten Kennzeichen der Westfalen allgemein und der „Süderländer" im besonderen. Als Emil Rittershaus 1869 das „Westfalenlied" dichtete, tat er das in Iserlohn: „Wir haben keine süßen Reben und schöner Worte Überfluß, und haben nicht so bald für jeden den Brudergruß und Bruderkuß. Wenn du uns willst willkommen sein, so schau auf's Herz, nicht auf den Schein …"

Iserlohn, die traditionelle Stadt des Eisens und des Waldes (Iser = Eisen, Lohn = Wald), gibt dem Kirchenkreis südlich der Ruhr seinen Namen. Schon um 900 nach Christus werden die ersten Erzläger im Märkischen entdeckt. Mit der Verhüttung des Eisens in sogenannten Rennfeuern beginnt seine wirtschaftliche Bedeutung für das Sauerland. Eisenhämmer, Schmiedewerkstätten und Drahtziehereien nutzen die Wasserkraft von Lenne und Volme. Die Arbeit ist

Blick über Iserlohn mit der Pankratiuskirche (auch Kirchspiel- oder Bauernkirche genannt), eine in ihren Ursprüngen romanische Pfeilerbasilika mit einem jüngeren Westturm (links) und der Marienkirche (auch Oberste Stadtkirche genannt) aus dem 14. Jahrhundert, mit breitem Turm, der zwei Helme hat.

St. Victor-Kirche (14. Jahrhundert) **der Evangelischen Kirchengemeinde Schwerte.**
Leuchterengel (Ende 15. Jahrhundert) vor dem Antwerpener Schnitzaltar von 1523.

St. Johanniskirche der Evangelischen Kirchengemeinde Ergste (1826/30). Mittelteil eines Triptychons von Hans Gottfried von Stockhausen, Esslingen/Neckar, 1965.

Kirche der Evangelisch-reformierten Kirchengemeinde Hohenlimburg, (1749 bis 1751). Gemalte Holzdecke von J. J. Kleiner, 1751.

hart, eine rauhe Schale von Nutzen. Wer den Kirchenkreis bereist, findet vielerorts die Spuren dieser Entwicklung.
Was die konfessionelle Situation angeht, gibt es unter den 22 Kirchengemeinden, über 495 Quadratkilometer verteilt, lutherische, reformierte und unierte. Diese Vielfalt hat Gründe, die bis auf die Zeit der Reformation zurückgehen. Die Herzöge von Kleve-Mark und Jülich-Berg waren in der eigenen Familie in konfessionellen Fragen unterschiedlicher Auffassung. Zeugnis davon geben zahlreiche evangelische Kirchen: so etwa die Pankratiuskirche und die Oberste Stadtkirche in Iserlohn oder St. Victor in Schwerte. Überdies ist der Kirchenkreis Standort landeskirchlicher Einrichtungen: Hier befinden sich die Evangelische Akademie, das Pastoralkolleg, in Haus Villigst das Sozialamt, das Pädagogische Institut, das Amt für Jugendarbeit und auch der Sitz der Männerarbeit sowie das Evangelische Studienwerk.

Levern, historischer Ort nördlich des Wiehengebirges, mit noch vielen Fachwerkhäusern des 17. und 18. Jahrhunderts und mit der Stiftskirche der Evangelisch-Lutherischen Kirchengemeinde Levern (15. Jahrhundert). Das seit 1558 bestehende adlige Damenstift wurde 1810 aufgehoben.

Zuflucht für Flüchtlinge

Die Frömmigkeit der Erweckungsbewegung prägt die 20 Gemeinden des Kirchenkreises Lübbecke bis heute. Er erstreckt sich auf die Region zwischen Wiehengebirge und Dümmer See. Der Pollertshof in Preußisch Oldendorf, heute das Jugendfreizeitheim des Kirchenkreises, ist die erste Anstaltsgründung der Ravensberger Erweckungsbewegung. Er gilt zugleich als erste diakonische Einrichtung in Westfalen überhaupt: Ein Bibelkreis kaufte den Hof, um Kinder vor der Verwahrlosung zu bewahren.

Mehr als drei Viertel der Bevölkerung sind evangelisch; im Kirchenkreis leben 78 000 evangelische Christen. Die Region mit 570 Quadratkilometern ist im großen und ganzen ländlich strukturiert, obwohl neben den Kleinstädten Lübbecke, Preußisch Oldendorf und Rahden nach dem Zweiten Weltkrieg mit der Flüchtlingsstadt Espelkamp ein weiteres Zentrum entstand.
Rund um die evangelische Stiftung „Ludwig-Steil-Hof" leben heute fast 30 000 Einwohner, die überwiegend aus Mittel- und Osteuropa stammen. Für Aussiedler bietet

St. Marienkirche der Evangelisch-Lutherischen Kirchengemeinde Dielingen, aus der Mitte des 13. Jahrhunderts. Die reiche Ausstattung stammt vorwiegend aus dem 17. Jahrhundert, die Orgel um 1660, die Kanzel ist bezeichnet mit 1680.

Thomaskirche der Evangelischen Martins-Kirchengemeinde Espelkamp. 1963 nach einem Entwurf des Architekten D. Gerhard Langmaack, Hamburg, errichtet.

Rechts:
St. Ulricus-Kirche der Evangelisch-Lutherischen Kirchengemeinde Börninghausen. Das Schiff der ehemals romanischen Saalkirche wurde 1463 erneuert. Im Bild: Sakramentsnische.

der „Ludwig-Steil-Hof" viele sprachliche, schulische und berufliche Hilfen, damit die Integration der Neubürger in die vielfach so andersartig empfundene Gesellschaft der Bundesrepublik Deutschland möglichst schnell gelingt.
Schwierig ist häufig die Anbindung der Zuwanderer an die hierzulande üblichen volkskirchlichen Strukturen. Viele Familien aus dem Osten schließen sich lieber zu eigenen mennonitischen oder baptistischen Gemeinden zusammen.
Ein Zentrum für Austausch und Diskussion gibt es seit Ende der 60er Jahre am Südhang des Wiehengebirges. Die evangelische Tagungs- und Bildungsstätte „Haus Reineberg" bei Hüllhorst ist ein Forum für die ostwestfälischen Kirchenkreise geworden.

Der Jugend verpflichtet

Im westlichen und südlichen Teil des Märkischen Kreises liegt der Kirchenkreis Lüdenscheid. Auf 500 Quadratkilometern leben etwa 80000 evangelische Christen in 21 Kirchengemeinden. Viele von ihnen verdienen sich ihren Lebensunterhalt in den zahlreichen mittelständischen Unternehmen: Traditionell ist die Gegend um Lüdenscheid neben der Landwirtschaft durch die Kleineisen- und Drahtindustrie geprägt.

Geographisch gesehen ist der Kirchenkreis markiert durch das Tal der Volme, deren Quellgebiet in der Gemeinde Meinerzhagen liegt, und die ihren Lauf nach beiden Seiten hin flankierenden Höhenzüge. Sie setzen sich nach Osten hin ins Eggegebirge fort, nach Südwesten und Westen hin ins Oberbergische Land. Acht Talsperren locken zahlreiche Erholungssuchende von nah und fern.

Blick auf Rönsahl und die Landschaft des hohen Sauerlandes. Die Kirche der Evangelischen Kirchengemeinde Rönsahl wurde 1768 als schlichter Rechteckbau errichtet, der Turm ist spätromanisch.

Bis 1959 bildeten die heutigen Kirchenkreise Lüdenscheid und Plettenberg eine verfassungsmäßige Einheit. Als über die Teilung beraten wurde, bestand zunächst der Plan, die Gemeinden des heutigen Kirchenkreises Plettenberg mit den zum heutigen Kirchenkreis Iserlohn zählenden Gemeinden Altena, Dahle, Nachrodt und Wiblingwerde zu einer „Lennesynode" zusammenzuschließen. Doch letztlich kam es nicht dazu. Die Gemeinden des Kirchenkreises Lüdenscheid sind zumeist pietistisch geprägt. Besonders engagiert sind sie in der Jugendarbeit. Der Kirchenkreis unterhält ein Freizeitheim in Rinkscheid sowie das Ferienheim „Alter Leuchtturm" auf der Nordseeinscl Borkum.
Zusammen mit den Kirchenkreisen Iserlohn, Plettenberg, Wittgenstein und Siegen ist der Kirchenkreis Lüdenscheid Träger der Tagungs- und Bildungsstätte „Haus Nordhelle" in Valbert.
Viele bemerkenswerte kirchliche Baudenkmale, die bis ins 13. Jahrhundert zurück reichen, stehen neben solchen aus der zweiten Hälfte des 19. Jahrhunderts.

Kirche der Evangelischen Kirchengemeinde Rönsahl, datiert 1768. Die Ausstattung, wie auch der Opferstock, stammt aus der Erbauungszeit.

Links:
Jesus-Christus-Kirche der Evangelischen Kirchengemeinde Meinerzhagen. Dreischiffige Emporenbasilika aus der ersten Hälfte des 13. Jahrhunderts. Achtseitiger Taufstein mit erneuerten Säulen, ebenfalls aus dem Anfang des 13. Jahrhunderts.

Rechts:
Erlöserkirche der Evangelischen Erlöser-Kirchengemeinde Lüdenscheid. Der Turm ist im Kern noch romanisch, das Kirchenschiff ist ein klassizistischer Saalbau von 1826. Er wurde anstelle einer Basilika des 12. Jahrhunderts errichtet.

Gottesdienst- und Gemeindesaal im Gemeindezentrum Felderhof der Evangelischen Kirchengemeinde Kierspe, 1970 errichtet nach Plänen des Architekten Peter Hübotter, Hannover.

Blick über Lünen mit Stadtkirche St. Georg, als dreijochige Hallenkirche 1360 bis 1366 erbaut, nach einem Brand 1512 bis 1521 wiederhergestellt.

Ein Stamm Benjamin

Eine Reise durch die Großstadtregion Dortmund wäre nicht vollständig ohne einen Abstecher in den Kirchenkreis Lünen. Dieser Ort, kommunalpolitisch zu Dortmund gehörig, ist Teil des Zweckverbandes der fünf Dortmunder Kirchenkreise, gleichwohl aber ein eigenständiger Kirchenkreis, geprägt von Übersichtlichkeit und räumlicher Nähe. Er ist ein „Stamm Benjamin". Zählt er doch zu den kleinsten Kirchenkreisen der westfälischen Landeskirche. In den fünf Gemeinden im Gebiet der Städte Lünen und Selm leben 42710 Evangelische auf einer Fläche von 115 Quadratkilometern.

Lünen, auf der Schwelle zwischen Ruhrgebiet und Münsterland, ist wie benachbarte Orte geprägt worden von Kohle und Stahl sowie der Bergbauzulieferindustrie. Es hat somit in den letzten Jahrzehnten ebenfalls Anteil gehabt an der Strukturkrise des Industriegebietes.

Die letzte Zeche im Kirchenkreis wurde Mitte 1992 geschlossen. Seit Jahren versucht man sich auf die „Nachmontanzeit" durch Ansiedlung neuer Betriebe einzurichten, nicht zuletzt im Dienstleistungsbereich.

Die Gemeinden des Kirchenkreises sind bis auf Lünen vor allem durch die Entwicklung des Bergbaus entstanden. In der Regel sind sie um die Jahrhundertwende gegründet worden. Sie blicken also nicht auf ein ausgeprägtes konfessionelles Erbe zurück, sondern bezeichnen und empfinden sich selbst als evangelisch ohne Zusatz.

Die Gemeinde Lünen allerdings hat ihre Wurzeln in der Reformationszeit. Als einzige mittelalterliche Kirche im Kirchenkreis findet der Reisende die Stadtkirche St. Georg als Mittelpunkt des Kirchenkreises.

Stadtkirche St. Georg der Evangelischen Kirchengemeinde Lünen, Triumphkreuz, um 1470. Die Verglasung der Kirche war im Zweiten Weltkrieg total zerstört worden und wurde 1952/53 nach Entwürfen von W. Heyer, Bochum, erneuert. Rechts das Südostfenster im Chor zeigt die Auferstehung Christi nach Matthäus 28.

Stadtkirche St. Georg der Evangelischen Kirchengemeinde Lünen. Der Flügelaltar, aus dem Umkreis des Meisters von Liesborn, um1470, zeigt auf den beiden Mitteltafeln die Kreuzigung mit Kreuztragung und Kreuzabnahme (links) sowie Christus in der Vorhölle und Grablegung (rechts).

Links:
Stadtkirche St. Georg der Evangelischen Kirchengemeinde Lünen. Achteckiger Taufstein mit Reliefs, spätgotisch (um 1500). Die mehrfach umgebaute und erweiterte Empore, der älteste Teil ist 1607 datiert, trägt die Orgel mit einem Barockprospekt aus 1661.

Am Wasserstraßenkreuz

Rund um das „Wasserstraßenkreuz", das Weser und Mittellandkanal in Minden bilden, liegen die 24 Kirchengemeinden des Kirchenkreises Minden. Minden ist sein städtisches Zentrum. Die Stadt reicht bis an die nördlichen Teile Porta Westfalicas. Den Kirchenkreis ergänzen die ländlich geprägten Regionen um Hille im Westen und die von niedersächsischem Gebiet umgebenen Gemeinden im Bereich Petershagen im Norden. Insgesamt wohnen 100 000 evangelische Menschen auf einer Fläche von 453 Quadratkilometern.

Traditionen der Minden-Ravensberger Erweckungsbewegung finden sich gerade auch hier. Doch heißt das keineswegs, daß die Christen der Region ihren Glauben nur im „stillen Kämmerlein" häuslicher Privatheit leben. Weltflucht findet hier keine Befürworter. Sichtbares Zeichen dafür ist

Weserniederung mit der St. Katharinenkirche der Evangelisch-Lutherischen Kirchengemeinde Windheim, einer Saalkirche mit wehrhaftem Turm aus dem frühen 13. Jahrhundert.

St. Katharinenkirche der Evangelisch-Lutherischen Kirchengemeinde Windheim. Tür zur Sakristei mit folgender Aufschrift: „Herr tuhe meine Lippen auff das mein Mundt deinen Ruhm verkündige.“ (Psalm 51, 17), und „Ruffe getrost, schone nicht, erhebe Deine Stimme wie eine Posaune“ (Jesaja 58, 1). Die Holzplastik über der Tür stellt Karl den Großen mit Bibel und Schwert dar. Die Inschrift lautet „CAROLUS MAGNUS FUNDATOR ECCLESIAE“.

St. Marienkirche der Evangelisch-Lutherischen St. Marien-Kirchengemeinde Minden, ursprünglich einschiffige kreuzförmige Anlage aus der zweiten Hälfte des 12. Jahrhunderts. Im 14. Jahrhundert zu einer zweijochigen Hallenkirche erweitert. Abendmahlskelch von Ernst Krulle, Bremen (1601 bis 1644). Kanne von Dietrich Termoye, Hamburg (1618 bis 1653).

das vielseitige diakonische Engagement des Kirchenkreises.

Das Diakonische Werk bietet eine breite Palette von Diensten an: Behindertenwerkstätten mit Sonderabteilungen für psychisch Kranke über unterschiedlichste Beratungsstellen bis zu einer Rehabilitationsklinik oder einem Bauernhof, den Behinderte bewirtschaften.

Diakonie und Mission sollen zusammengehören. Dieser Maxime wollen auch zwei weitere Einrichtungen entsprechen, die in der Folge des Zweiten Weltkriegs nach Minden kamen: die ursprünglich in Pommern ansässige „Diakonissenanstalt Salem-Köslin" mit ihrem starken Engagement in der Kinder- und Altenarbeit sowie die Frauenmission Malche, die ihren Hauptsitz in Bad Freienwalde an der Oder hatte.

Von besonderer Bedeutung aus kirchenbaulicher Sicht sind für den Besucher die sieben spätmittelalterlichen Kapellen. Sie stehen zwischen Nammen im Osten und Hille im Westen.

St. Simeoniskirche der Evangelisch-Lutherischen St. Simeonis-Kirchengemeinde Minden, zweijochige Halle in den Abmessungen einer Dorfkirche, 1241 erstmals genannt; nach Brand (1305) umgebaut. Bronzetaufe, laut Inschrift gegossen von M. Hans Bethink, Küster zu St. Martin, 1609.

Das weite Münsterland mit Wasserläufen und Knicks.

Evangelische Minderheit

Knapp 100 000 evangelische Christen wohnen im Kirchenkreis Münster; zu ungefähr einem Drittel in den Städten und Dörfern des Münsterlandes und zu knapp zwei Dritteln in der westfälischen Provinzialhauptstadt. Machen die „Lutherschen" (sprich: Luther-s-chen) mit ihren 13 Kirchengemeinden in der Stadt Münster immerhin ein Viertel der Bevölkerung aus, so stellen sie mit weiteren zwölf Kirchengemeinden im Münsterland über 1 634 Quadratkilometer jeweils nur eine kleine Minderheit dar.

Denn Münster und das Münsterland sind seit der gescheiterten Reformation der Wiedertäufer nachhaltig vom Katholizismus geprägt. Der schwärmerische „Stuten-Bernd" – Kaplan Bernhard Rothmann, der

Apostelkirche der Evangelischen Apostel-Kirchengemeinde Münster. Um 1280 als erste rein gotische Kirche Münsters errichtet. Ehemals Minoritenkirche. Der Ordensgewohnheit entsprechend kein Turm, sondern nur ein Dachreiter. Zweischiffige, sechsjochige Hallenkirche mit langem Mönchschor.

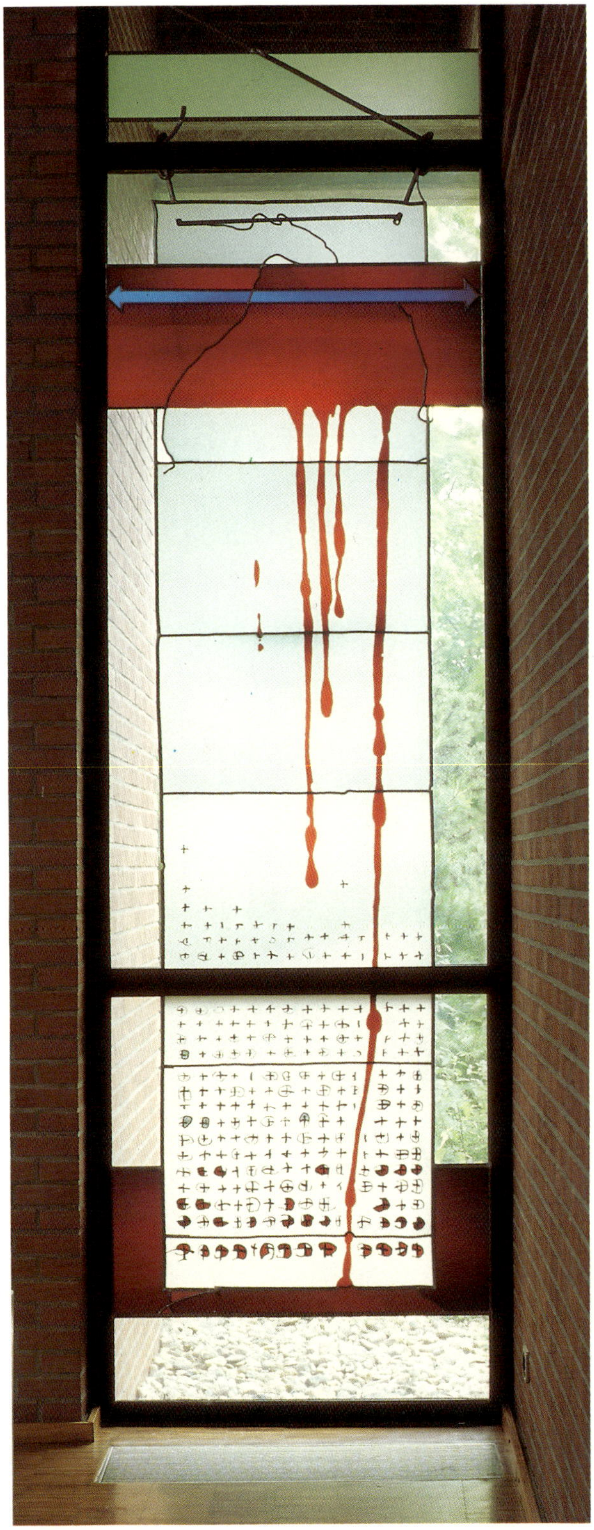

das Abendmahl mit Weißbrotbrocken feierte – begann um 1530 in Münster im Geist der Reformation zu predigen. Der streitbare „Bomben-Bernd" – Fürstbischof Christoph Bernhard von Galen, der die Stadt während einer Belagerung beschießt und später erobert – verbietet 1650 den evangelischen Gottesdienst. Dazwischen liegt eine Zeit blutiger Auseinandersetzungen um den rechten Glauben.

Die preußischen Beamten und Soldaten, die 1802 nach Münster kommen, sorgen zwar für die Wiedereinrichtung des evangelischen Gottesdienstes, können aber die Zuneigung der traditionsbewußten katholischen Bevölkerung kaum gewinnen. Auch die überwiegend evangelischen Flüchtlinge, die nach dem Zweiten Weltkrieg im Münsterland eine neue Heimat suchen, bleiben ihres Glaubens wegen jahrzehntelang Fremde.

Erst der ökumenische Aufbruch der 70er und 80er Jahre führt zu einem verständnisvollen Miteinander der Konfessionen. Als Christen in der Diaspora haben die Evangelischen gelernt, daß ihre Gemeinden geistlich und materiell aufeinander angewiesen sind. In modernen Kirchenzentren suchen sie nach neuen Formen des gemeindlichen Zusammenlebens.

Andreas-Kirche der Evangelischen Andreas-Kirchengemeinde Münster. Entwurf von Professor Lothar Kallmeyer, Münster, 1981. Verglasung Professor Johannes Schreiter, Langen, 1983.

Erlöserkirche der Evangelischen Erlöser-Kirchengemeinde Münster. Eine der sogenannten Notkirchen, 1950 errichtet nach Plänen von Professor Otto Bartning. Aus seiner Ansprache bei der Einweihung der ersten Notkirche 1948: „Auch wir Werkleute sind durch die Not und die Sparsamkeit – denn Schenkung entbindet nicht, sondern verpflichtet, zur rauhen Einfalt der Werkstoffe und zur einfachen Gestalt des Raumes geführt worden."

Preußische Vergangenheit

In Paderborn und Umgebung gibt es auch evangelische Christen. Man sollte dies kaum meinen bei der Dominanz der römisch-katholischen Kirche in dieser Region. Doch es ist so. Rund 18 Prozent der Gesamtbevölkerung sind evangelisch. In den 24 Gemeinden des Kirchenkreises Paderborn, der 1990 sein 150jähriges Bestehen feierte, leben rund 75 000 Evangelische. Mit 2 475 Quadratkilometern ist er flächenmäßig der zweitgrößte Westfalens. In der Stadt Paderborn selbst beträgt das Verhältnis zwischen „kath." und „ev." 80 zu 20 Prozent.

Höxter, an der Weser, mit (links) der St. Kilianikirche und (rechts) der St. Marienkirche der Evangelischen Kirchengemeinde Höxter. St. Kiliani aus dem späten 11. Jahrhundert ist eine der wenigen Doppelturmkirchen in Westfalen und hat eine bemerkenswerte Ausstattung aus dem 16. Jahrhundert. Die St. Marienkirche, errichtet um 1300, ist eine ehemalige Klosterkirche der Minoriten. In diesem Bereich bildet die Weser die Landesgrenze zu Niedersachsen.

Rechts:
Abdinghofkirche der Evangelisch-Lutherischen Kirchengemeinde Paderborn, ehemals Kirche eines Benediktinerklosters. Bei Stadtbränden im 11. und 12. Jahrhundert beschädigt. Sie wurde 1867 bis 1870 als evangelische Kirche durchgreifend erneuert und die Türme neu aufgebaut. Im Hintergrund der Turm des katholischen Doms.

Die meisten Evangelischen leben also in einer extremen Diasporasituation. Ausnahmen bestätigen die Regel: Von der Reformation her evangelisch geblieben sind die Stadt Höxter sowie die Dörfer Amelunxen, Bruchhausen und Herlinghausen bei Warburg. In der Reformationszeit ist auch Paderborn für kurze Zeit evangelisch, doch letztlich siegt die Gegenreformation unter Fürstbischof Dietrich von Fürstenberg.
Daß evangelische Traditionen in Paderborn nicht völlig fehlen, ist vor allem auf die preußische Vergangenheit der Region zurückzuführen. Nach der Säkularisation im Jahr 1802 fällt das geistliche Fürstbistum an Preußen. Der Ort wird Garnisonsstadt, die neuen evangelischen Christen sind Soldaten und Beamte. Als baulichen Mittelpunkt ihres geistlichen Lebens erhält die evangelische Gemeinde 1867 die Abdinghofkirche direkt neben dem Dom als geistliche Heimat. Der romanische Sakralbau stammt aus dem 11. Jahrhundert und diente zuvor als Benediktinerkloster.
Seit 1840 ist der östlichste, durch die Weser begrenzte westfälische Kirchenkreis selbständig. Vorher gehörte er zum benachbarten Kirchenkreis Bielefeld. Neben der Diasporasituation charakterisiert ihn heutzutage auch das besondere Engagement in der Kurseelsorge beispielsweise in Bad Lippspringe und Bad Driburg.

Die Kirche der Evangelischen Kirchengemeinde Bruchhausen ist eine der ältesten evangelischen Kirchen des Paderborner Landes. Der erste Pfarrer wurde 1600 eingesetzt. Der bescheidene Saalbau wurde unter Verwendung mittelalterlicher Teile mehrfach, zuletzt 1954, erweitert.

Rechts:
St. Kilianikirche der Evangelischen Kirchengemeinde Höxter. Teil der bemerkenswerten Ausstattung dieser Kirche ist eine Kreuzigungsgruppe aus dem Anfang des 16. Jahrhunderts.

Kirche der Evangelischen Kirchengemeinde Ohle, errichtet in der ersten Hälfte des 13. Jahrhunderts. – Sie ist das einzige Beispiel einer Chorturmkirche in Westfalen, wie sie vor allem im nahen Hessen verbreitet ist.

Rechts:
Kirche der Evangelischen Kirchengemeinde Neuenrade, ein schlichter, einschiffiger Rechteckbau, errichtet 1786/87. Neben der Ausstattung aus der Erbauungszeit gibt es neuere Stücke wie das Altarkreuz mit Symbolen der Evangelisten und dem Lamm mit der Siegesfahne, 1961.

Zweierlei Sauerland

Am Kirchenkreis Plettenberg wird deutlich, daß es zweierlei Sauerland gibt: das märkische und das ehemals dem Erzbistum Köln angehörende, das sogenannte Kölschland. Letzteres blieb katholisch, dagegen setzt in der damaligen Grafschaft Mark der Landesherr Herzog von Kleve die Reformation durch.

Während das ehemalige kölnische Sauerland erst 1815 preußisch wird, kommt die Grafschaft Mark bereits vor dem Dreißigjährigen Krieg (1618 bis 1648) zu Brandenburg. Christianisiert wird das Sauerland bereits bis etwa 800 nach Christus unter Karl dem Großen.

Kirchenkreis Plettenberg

Plettenberg, mit Christuskirche der Evangelischen Kirchengemeinde Plettenberg. Die Kirche ist ein bedeutender dreijochiger Hallenbau aus dem zweiten Viertel des 13. Jahrhunderts. Sie war Vorbild für eine Anzahl südwestfälischer Hallenkirchen dieser Zeit.

Die alten territorial-konfessionellen Merkmale machen sich bis heute bemerkbar: So gehören zum Kirchenkreis Plettenberg im Märkischen Kreis die Kirchengemeinden Eiringhausen, Neuenrade, Ohle, Plettenberg und Werdohl. Im Kreis Olpe liegen die evangelischen Gemeinden Attendorn, Finnentrop, Grevenbrück und Lennestadt-Altenhundem. In den drei märkischen Städten (Eiringhausen und Ohle gehören kommunal zu Plettenberg) stellen die Evangelischen bis heute einen größeren Bevölkerungsanteil als die Katholiken. Im Kreis Olpe dagegen leben sie in der Diaspora.

Gegründet wird der Kirchenkreis im Jahr 1959; vorher gehörten seine Gemeinden zum Kirchenkreis Lüdenscheid. Er erstreckt sich von der Grenze Altenas im Norden bis zum Rothaargebirge im Süden und umfaßt ein Gebiet von rund 667 Quadratkilometern. In ihm leben fast 39 000 evangelische Christen.

Wirtschaftlich gesehen ist die Region ebenso wie die Iserlohner Gegend der Eisenverarbeitung treu geblieben; hinzu kommen zahlreiche metallverarbeitende Betriebe. Viele Flüchtlinge haben nach dem Zweiten Weltkrieg hier Arbeit gefunden. Landeskirchliche Gemeinschaften, kirchliche Vereine und Jugendgruppen verweisen bis heute auf das fromme Erbe der Erweckungsbewegung im letzten Jahrhundert.

Rechts:
Christuskirche der Evangelischen Kirchengemeinde Plettenberg. Chor mit Malerei aus der zweiten Hälfte des 15. Jahrhunderts; die Chorfenster, um 1920 von Otto Linnemann, Frankfurt, zeigen – in der Mitte – Christus am Kreuz und sind gleichzeitig Gefallenenehrung des Ersten Weltkrieges.

Ökologisch orientiert

Überwiegend industriell geprägt ist der Kirchenkreis Recklinghausen im nördlichen Ruhrgebiet. Wie andernorts muß man mit der Krise in der Montanindustrie fertig werden. Lebten die Menschen hier ursprünglich fast ausschließlich vom Steinkohlebergbau, so finden nach den Zechenstillegungen heute viele eine Beschäftigung im Stahlsektor und im Maschinenbau, in der Textil-, Chemie- und Kunststoffindustrie. Die Region umfaßt mehr als 500 Quadratkilometer.

Der Kirchenkreis erstreckt sich bis ins südliche Münsterland. Knapp 140000 evangelische Christen verteilen sich auf sieben Städte, in denen 23 Kirchengemeinden beheimatet sind. Als letzte Stadt schloß sich im Jahr 1987 Oer-Erkenschwick dem Kirchenkreis an. Er ist nicht identisch mit dem politischen Kreis Recklinghausen. Der evangelische und der katholische Bevölkerungsanteil sind etwa gleich groß.

Aufgrund seiner industriell geprägten Struktur engagieren sich die Kirchenge-

Der Weser-Datteln-Kanal bei Haltern, einer der vielen und wichtigen Verkehrswege im Industriegebiet dieser Region.

Erlöserkirche der Evangelischen Kirchengemeinde Haltern, errichtet 1911/12. Sie ist eine der wenigen evangelischen Kirchen des historisierenden Jugendstils im südwestlichen Münsterland.

Christuskirche der Evangelischen Kirchengemeinde Recklinghausen-Altstadt. Eines der bedeutendsten Bauwerke des Historismus in Recklinghausen. 1909/11 von Arno Eugen Fritsche, Elberfeld, erbaut, prägt sie das Viertel der gründerzeitlichen Stadterweiterung und ist der früheste Kirchenbau in Recklinghausen auf der Grundlage des Wiesbadener Programms. (Vergleiche Seite 8.)

Gemeindezentrum „Arche“ der Evangelischen Kirchengemeinde Waltrop, Architekt Professor Lothar Kallmeyer, Münster, 1973. Verglasung des Kirchenraumes von Paul Reding, Waltrop, 1980.

meinden und der Kirchenkreis besonders im Bereich der Industrie- und Sozialarbeit. Im Kampf um Arbeit und Hoffnung steht die Kirche vor Ort an der Seite der Arbeiter und Angestellten. Besonderes Augenmerk legt man auf eine ökologisch orientierte Wirtschaft, damit die Lebensqualität in der Region erhalten und, wo möglich, verbessert wird. Jedes Jahr verleiht der Superintendent einen Ökopreis für vorbildliche Aktionen zur Bewahrung der Schöpfung.

Bedingt durch die Bevölkerungsveränderungen entstanden in den letzten Jahren neue Gemeindezentren, die sich mit Blick auf die innere und äußere Gestaltung von den alten Kirchbauten deutlich unterscheiden. Die älteste Kirche im Kirchenkreis Recklinghausen stammt aus dem 19. Jahrhundert.

Das Bergische Land mit Silschede bei Schwelm.

Ohne CVJM kaum denkbar

In einer geographisch zerklüfteten Region an der Grenze zur rheinischen Kirche liegt der kleine Kirchenkreis Schwelm mit seinen acht Gemeinden. Gegründet wurde er 1904 durch Abtrennung vom benachbarten Kirchenkreis Hagen. Er umfaßt bis auf Silschede und Teile von Voerde und Gevelsberg den östlichen Teil des alten Kirchspiels Schwelm. Früher reichte die märkische, in der Reformationszeit evangelisch gewordene Kirchengemeinde bis weit in das heutige Wuppertal hinein.

Von Elberfeld aus wird in diesem Kirchspiel 1656 die reformierte Gemeinde Schwelm-Oberbarmen (Gemarke) gegründet; 1702 erfolgt indessen die Teilung. Anfang dieses Jahrhunderts vereinigen sich in Schwelm und Gevelsberg die reformierten mit den lutherischen Gemeinden.

Heute bilden die 61000 Gemeindeglieder etwa 60 Prozent der Gesamtbevölkerung, nahezu 25 Prozent bekennen sich zum katholischen Glauben. Der Anteil derer, die zu keiner Kirche gehören, ist groß. Die

Kirche der Evangelischen Kirchengemeinde Haßlinghausen, 1854 errichtet. Der Bau mit vorgesetztem Glockenturm (Turmkreuz mit Schwan) ist ein typisches Beispiel für den Rundbogenstil der 1850er Jahre.

Gemeinden sind ohne die pietistische Prägung im vergangenen Jahrhundert nicht denkbar. Der CVJM Schwelm, 1847 ins Leben gerufen, ist ein Jahr darauf einer der Gründer des CVJM-Westbundes, bis heute ein einflußreicher Träger der Gemeinden. Wirtschaftlich gesehen ist die Textilbranche der älteste Industriezweig in der Region; lange Zeit gibt es viele Webereien und Bleichereien. Im 19. Jahrhundert tritt die Eisen- und Kleineisenindustrie ihren Siegeszug an. Die vom 17. Jahrhundert an abgebauten Steinkohle- und Erzvorkommen sind bald erschöpft. Heute finden die meisten Beschäftigten eine Anstellung in der mittelständischen Industrie mit ihrer breiten Fertigungspalette.

Rechts:
Kirche Johannes der Täufer der Evangelischen Kirchengemeinde Ennepetal-Voerde, von 1781; angebaut an die Ostsakristei von 1735. Der 1705 datierte Kanzelaltar stammt vermutlich aus einem Vorgängerbau oder aus einer anderen Kirche.

Blick über Schwelm, mit Christuskirche der Evangelischen Kirchengemeinde Schwelm. Nach dem Brand der Vorgängerkirche 1836 durch den Baukondukteur Vogel 1842 bis 1849 errichtet mit einer stadtbeherrschenden Doppelturmfront. Sie ist im Zweiten Weltkrieg völlig ausgebrannt und wurde bis 1952 wiederhergestellt.

Reformiertes Erbe

Im südlichsten Zipfel Westfalens, zwischen Rothaargebirge und Westerwald, erstreckt sich der Kirchenkreis Siegen. Traditionell sind die Menschen hier stark von der Reformation geprägt. Knapp 80 Prozent der Bevölkerung im Kirchenkreis sind evangelisch, der Rest zählt sich zur katholischen Kirche oder einer der zahlreichen Freikirchen. 155 000 evangelische Christen vereinen die 30 Kirchengemeinden; Olpe und das Netpherland sind überwiegend katholisch. Die Fläche von 894 Quadratkilometern spricht für sich.

Anders als in den anderen westfälischen Kirchenkreisen stellt der Besucher fest, daß alle Siegerländer Gemeinden bis auf Olpe reformiert sind. Sie wurden in nachreformatorischer Zeit vor allem vom Calvinismus, dem Heidelberger Katechismus sowie im 19. Jahrhundert durch die Erweckungsbewegung geprägt.

Rechts:
Kirche der Evangelischen Kirchengemeinde Oberholzklau. Spätromanischer Bau, der in gotischer Zeit, angepaßt an die schlankeren Verhältnisse des neuerrichteten Chors, erhöht wurde, wodurch ein harmonischer Raumeindruck beider Bauteile entstand.

Blick auf Freudenberg, mit seinen Ackerbürgerhäusern des 17. und 18. Jahrhunderts und der Kirche der Evangelischen Kirchengemeinde Freundenberg, 1601 bis 1606 errichtet und 1675 nach dem großen Brand von 1666 wiederhergestellt.

HERR
dein Wort
bleibt
ewig

Das reformiert-pietistische Erbe dokumentiert sich unter anderem im Erscheinungsbild der meisten Siegerländer Kirchengebäude, in denen man mit religiösen Darstellungen sehr zurückhaltend umgegangen ist. Es zeigt sich auch in dem Gewicht, das die Landeskirchliche Gemeinschaft oder der CVJM mit seiner Bildungs- und Sportarbeit hier haben.

Der Kirchenkreis Siegen ist von Olpe und Krombach im Norden bis Burbach und Niederdresselndorf im Süden überwiegend ländlich strukturiert. Im Bereich Kreuztal und Siegen besitzt er jedoch einen städtischen Kernraum. Diesen hat das Siegerland vor allem seiner Eisen- und Stahlindustrie sowie den metallverarbeitenden Unternehmen zu verdanken. Überregional bekannt ist das Siegerland nicht zuletzt durch seine Braukunst.

Historisch bedeutsam sind unter anderem die aus dem 16. Jahrhundert stammende Martinikirche sowie die Nikolaikirche in Siegen, deren Entstehung auf das 13. Jahrhundert zurückgeht.

Links:
Martinikirche der Evangelisch-reformierten Kirchengemeinde Netphen. Nach der Nikolaikirche in Siegen ist sie der bedeutendste romanische Kirchenbau des Siegerlandes. 1239 zuerst urkundlich erwähnt.

Rechts:
Nikolaikirche der Evangelischen Nikoai-Kirchengemeinde Siegen. Errichtet Anfang des 13. Jahrhunderts. Sechsseitiger Zentralbau, der besonders in der Mitte des 17. Jahrhunderts mehrere Veränderungen erfuhr. Die barocke Turmhaube von 1658 wurde mit der schmiedeeisernen Fürstenkrone zum Wahrzeichen der Stadt.

Bördelandschaft mit Blick auf Soest und einige seiner alten Kirchen. Von links: St. Maria zur Wiese (Wiesenkirche genannt), (Anfang 13. Jahrhundert); St. Petrikirche (Ursprung um 800, jetziger Bau um 1150); katholische Propsteikirche St. Patrokli (Gründungsbau aus der Zweiten Hälfte des 10. Jahrhunderts, später mehrere Erweiterungen); St. Pauli-Kirche (14./15. Jahrhundert).

Baudenkmale: Fülle und Last

Soest ist nicht nur eine der ältesten westfälischen Städte, hier hat sich auch früh die Reformation durchgesetzt. In Lippstadt, einer der ältesten evangelischen Gemeinden, schon 1524, in Soest mit seiner Börde acht Jahre später. Diese lutherische Prägung charakterisiert bis heute das Selbstverständnis des Kirchenkreises Soest.

Annähernd 68000 evangelische Christen sind in den 23 Gemeinden zwischen Möhne und Lippe beheimatet; in fünf Städten und den vielen Dörfern, die die Hellweglandschaft bestimmen. Ihr Anteil an der Gesamtbevölkerung beschränkt sich auf 35 Prozent, weil die Sprengel rund um die Soester Börde traditionell katholisch geblieben sind. Zwei Gemeinden, die Lipperoder und eine kleine Soester, sind nach wie vor ihrer reformierten Herkunft verpflichtet.

Unübersehbare Zeichen des Kirchenkreises stellen seine 23 mittelalterlichen kirchlichen Baudenkmale dar. Sie instand zu halten, ist ein aufwendiges und schwieriges Unterfangen. Die Restaurierung des anfälligen Grünsandsteins erfordert eine enorme finanzielle und handwerkliche Leistung. Bis weit ins nächste Jahrtausend wird sich etwa die Sicherung der Türme der Soester Wiesenkirche (St. Maria zur Wiese) hinziehen.

Von herausragender Bedeutung sind darüber hinaus die Patroklikirche (10. bis 12. Jahrhundert), die Petrikirche (12. bis 13. Jahrhunder) und die Hohnekirche (St. Maria zur Höhe, 13. Jahrhundert).

Der Kirchenkreis Soest beherbergt landeskirchliche Einrichtungen: das Predigerseminar und die Westfälische Frauenhilfe.

Kirche St. Othmar der Evangelischen Kirchengemeinde Dinker. Das baufällig gewordene romanische Langhaus wurde 1745 durch den bestehenden Bau ersetzt. Der Chor war 1514 vollendet worden. Kanzelaltar und Orgelwand wurden 1745 bis 1750 geschaffen.

St. Severini-Kirche der Evangelischen Kirchengemeinde Schwefe, nach einem Vorgängerbau 1706 errichtet. Die geschnitzte Kanzel ist in vereinfachter Form der in der St. Petrikirche in Soest nachgestaltet (Anfang 18. Jahrhundert). Das Orgelgehäuse stammt aus 1715.

St. Marienkirche (sogenannte Große Marienkirche) der Evangelischen Kirchengemeinde Lippstadt. Kreuzförmiger Hallenbau aus dem ersten Drittel des 13. Jahrhunderts; der Chor ist spätgotisch. Drei-Ämter-Tür (Südseite), gestaltet von Artur Schulze-Engels, Dortmund, 1982.

Grenze zu den Niederlanden

Die westliche Grenze des Kirchenkreises Steinfurt–Coesfeld–Borken zu den Niederlanden ist 108 Kilometer lang. Er ist flächenmäßig der größte Kirchenkreis in Westfalen. Mit fast 2600 Quadratkilometern erstreckt er sich von der Gemeinde Anholt in der Stadt Isselburg im äußersten Westen bis nach Saarbeck nördlich von Münster und von Gronau im Norden bis Dülmen im Süden. 74000 evangelische Christen leben hier in 20 Kirchengemeinden.

Der Kirchenkreis entstand 1953 durch Teilung des damaligen Kirchenkreises Münster. Die Gemeinden Burgsteinfurt und Gronau, gegründet 1544, sowie Gemen, gegründet 1558, und Werth, gegründet 1567, haben eine lange Geschichte. Nur unter großen Schwierigkeiten konnten die Evangelischen hier die Gegenreformation überstehen. Die Fürstbischöfe wollten das evangelischen Leben unter Mithilfe der Spanier und Jesuiten ersticken.

Das Zwillbrocker Venn, eine Hochmoorlandschaft im westlichen Münsterland, nicht weit von der Grenze zu den Niederlanden gelegen, wie sie auch in verschiedenen Ortsnamen, so etwa Hochmoor und Maria Veen, zu finden ist.

Große Kirche der Evangelischen Kirchengemeinde Burgsteinfurt. Die fränkische Gründung und spätere Patronatskirche ist seit 1564 reformiert. Der große, breiträumige Rechtecksaal der jetzigen Anlage stammt aus dem Ende des 14. Jahrhunderts. – Der Chor ist durch einen steinernen, fünfbogigen Lettner von 1487 abgetrennt. Er ist das einzige erhaltene Beispiel dieser Art in Westfalen. Der Raumeindruck wird bestimmt durch die 1899 im neugotischen Stil erneuerte Holztonne.

Kirche der Evangelischen Kirchengemeinde Oeding. Ein kleiner klassizistischer Saalbau aus 1825, mit schlichter zeitgenössischer Ausstattung. Die Fenster im Westgiebel sind aufgemalt.

Sogenannte **Bartning'sche Notkirche der Evangelischen Kirchengemeinde Gescher-Reken in Gescher,** 1952. (Siehe auch Erlöserkirche Münster.)

Eine neue Zeit kündigt sich erst an, als Ende des 18. Jahrhunderts der Gedanke der Religionsfreiheit an Popularität gewann. Mit der Säkularisation des Fürstbistums Münster 1803 ändern sich die Verhältnisse schließlich grundsätzlich, als der Bischof nicht mehr das Recht besaß, die Konfession der Bewohner seines Landes zu bestimmen. Viele Gemeinden des Kirchenkreises entstehen erst im 19. Jahrhundert, einige erst nach 1945, als die Ostvertriebenen ins Münsterland kommen. Konfessionell gesehen sind die ältesten Gemeinden reformiert geprägt, während die Flüchtlinge ihren lutherischen Glauben mitbringen.

1987 wird der Kirchenkreis umbenannt: Heißt er bis dahin Kirchenkreis Steinfurt-Coesfeld, so stimmt die Kirchenleitung der westfälischen Kirche der Erweiterung auf Kirchenkreis Steinfurt-Coesfeld-Borken zu. Der Name soll etwas mehr die Verbundenheit zwischen den Evangelischen in diesem so weit gestreckten Kirchenkreis signalisieren.

Kirche der Evangelischen Kirchengemeinde Westerkappeln, Mitte des 11. Jahrhunderts erstmals genannt. Der romanische Turm ist der älteste erhaltene Teil; das heutige Kirchenschiff, mehrfach ergänzt, stammt aus dem Anfang des 16. Jahrhunderts.

Von Landwirten und Touristen

Im Norden der westfälischen Kirche findet der Reisende den Kirchenkreis Tecklenburg: Er reicht von Schale im Norden bis Ladbergen im Süden, von Lienen im Osten bis Wettringen im Westen. In 21 Gemeinden auf mehr als 1000 Quadratkilometern leben 76000 evangelische Christen. In der östlichen Hälfte des Kirchenkreises liegt der Anteil der evangelischen Bevölkerung bei 75 bis 80 Prozent, in der westlichen Hälfte ist es umgekehrt.

Diese unterschiedliche konfessionelle Prägung hat ihre Gründe in der Geschichte des Kirchenkreises: Das westliche Gebiet wird im 16. Jahrhundert von der ehemaligen Grafschaft Tecklenburg abgetrennt, während die östliche Hälfte bis zur Eingliederung in Preußen im Jahr 1707 eine selbständige Grafschaft bildet. In diesem Territorium wird 1527 die Reformation eingeführt. 1588 nimmt die Grafschaft das reformierte Bekenntnis und eine Kirchen-

Kirche der Evangelischen Kirchengemeinde Westerkappeln. Aus der reichen Ausstattung ragen drei Bronze-Kronleuchter heraus. Dieser stammt aus dem Jahr 1737.

ordnung an, zu der bereits die Einrichtung von Presbyterien und Synode gehören.
Das Bild der zahlreichen Landgemeinden des Tecklenburger Landes wird durch viele alte Bauernhöfe geprägt; auch wenn der Anteil der Menschen, die in der Landwirtschaft tätig sind, zurückgeht. Eine mittelständische Wirtschaft und der zunehmende Tourismus bieten Arbeitsplätze. Schwerpunkte sind die Städte Lengerich, Ibbenbüren und Rheine, wo sich Industriebetriebe angesiedelt haben. In Ibbenbüren befindet sich der nördlichste und tiefste Kohlenbergbau Deutschlands.
Die Ortsbilder werden weitgehend durch alte Kirchen geprägt. Der Kirchenkreis – in Tecklenburg wurde Friedrich von Bodelschwingh geboren – hat einen Schwerpunkt in der Diakonie. Die „Ledder Werkstätten" etwa bieten Plätze für 550 Menschen unterschiedlicher Behinderungen.

Links:
Kirche der Evangelischen Kirchengemeinde Recke.
Vom Ursprungsbau aus dem frühen 11. Jahrhundert sind noch Teile erhalten. Umbauten und Ergänzungen stammen aus 1200 bis 1400. Romanisches Nordportal.

Rechts:
Kirche der Evangelischen Kirchengemeinde Lotte.
Frühgotischer Saalbau mit großem verschiefertem Glockendachreiter.

RUDOLF WULFF
WULFF
1942

Bäuerliche Traditionen

Industrielle Nutzung und landwirtschaftliche Arbeit geben dem Kirchenkreis Unna seine unterschiedliche Prägung. Vor allem in der nordwestlichen Region veränderte die Industrialisierung in den vergangenen Jahrzehnten die dörflichen Lebensformen. Althergebrachte Strukturen finden sich unterdessen in den südöstlich liegenden, weniger dicht besiedelten Gebieten des Kirchenkreises.

Die Landwirtschaft, über Jahrhunderte hinweg die vorherrschende Wirtschaftsform, bestimmt auch heute noch das Erscheinungsbild vieler Gemeinden. Zahlreiche zugezogene Menschen aus den benachbarten Großstädten wurden in die überwiegend bäuerliche Bevölkerung integriert. Dennoch sind die Kirchengemeinden dort nach wie vor kleine Landgemeinden, in denen bäuerliche Traditionen gepflegt werden und die Höfe das Gesicht der Dörfer bestimmen.

Insgesamt vereint der Kirchenkreis in 17 Kirchengemeinden rund 100 000 evangelische Christen. Ihr Kirchengebiet beläuft sich auf 269 Quadratkilometer. Schon früh

Friedenskirche der Evangelischen Friedenskirchengemeinde Bergkamen. Sie ist Teil eines Gemeindezentrums und wurde 1982 nach Plänen der Architekten Krug und van der Minde, Hagen, errichtet.

Kirche der Evangelischen Kirchengemeinde Dellwig. Ein schlichter Saal, wohl noch aus dem Ende des 12. Jahrhunderts. Spätere Anbauten und Ergänzungen. Der älteste Bauteil, der Turm, stammt aus dem 11. Jahrhundert. Das Ostfenster im Chor wurde um 1900 von der Familie von Bodelschwingh nach deren Weggang nach Bethel gestiftet. (Auferstandener Christus)

Stadtkirche der Evangelischen Kirchengemeinde Unna. Stattliche Hallenkirche, errichtet zwischen 1322 und 1467. Der mehrfach zerstörte Turmhelm stammt in seiner jetzigen Gestalt aus 1863. In der Altstadt von Unna gibt es noch einige schöne Fachwerkhäuser des 16. bis 18. Jahrhunderts.

Lutherkirche der Evangelischen Kirchengemeinde Kamen, errichtet 1742/44. Aus dieser Zeit noch Teile der Inneneinrichtung, zum Beispiel der aus verschiedenen zusammengetragenen Teilen bestehende Kanzelaltar. Die Rückempore, in neugotischen Formen, wurde um 1860 eingebaut.

hält in Unna und Umgebung die Reformation Einzug: Am Allerheiligentag 1559, dem 1. November, tritt der Rat der Stadt, gefolgt von vielen Bürgern, vor den Altar, um zum ersten Mal das Abendmahl nach lutherischem Ritus zu empfangen. In der Folgezeit setzt sich die kirchliche Erneuerung in der Stadt immer mehr durch. 1561 findet zum letzten Mal eine Karfreitagsprozession statt; 1564 erwirbt der Rat der Stadt das Recht, selbst neue Pfarrer vorzuschlagen.

Dabei entbehrt der Beginn der Reformation in Unna nicht einer gewissen Pikanterie: Pfarrer an der Unnaer Kirche ist zu besagter Zeit Johann zum Broch. Der soll kein begnadeter Prediger gewesen sein, so daß er die Verkündigung unter anderem seinem Hilfsgeistlichen Eberhard Wortmann aufträgt. Dieser aber ist ein Sympathisant der lutherischen Lehre und macht daraus keinen Hehl. Das Ende vom Lied: zum Broch quittiert den Dienst.

Das Ravensberger Land mit der Kirche der Evangelisch-Lutherischen Kirchengemeinde Exter, deren Turm aus dem Jahre 1666 stammt und die als Autobahnkirche (an der BAB 2) von vielen Auto-Reisenden aufgesucht wird.

Ein Zentrum der Bekennenden Kirche

Die Jahre im Dritten Reich waren prägend: Unter dem Einfluß seines Superintendenten Karl Koch, zugleich Präses der westfälischen Provinzialsynode und Pastor in Bad Oeynhausen, wird der Kirchenkreis Vlotho zu einem Zentrum der Bekennenden Kirche. Fast ein halbes Jahrhundert, mit kurzen Unterbrechungen von 1900 bis 1948, wirkt Präses Koch hier. Im Februar 1936 findet in Bad Oeynhausen die vierte und letzte Bekenntnissynode statt; danach zerbricht die Einheit der Bekennenden Kirche.

Nachhaltig geprägt ist der Kirchenkreis am Fuße der Porta Westfalica auch durch die Erweckungsbewegung des Minden-Ravensberger Landes im 19. Jahrhundert. Dieses Erbe ist noch heute in vielen Gemeinden spürbar und lebt auch in Institutionen fort: Der „Wittekindshof" in Bad Oeynhausen, 1887 gegründet, ist eine der größten diakonischen Einrichtungen für geistig Behinderte in Deutschland.

Seinen Ursprung hat der Kirchenkreis im nordöstlichen Teil Westfalens in der Teilung

Auferstehungskirche der Evangelischen Kirchengemeinde Bad Oeynhausen-Altstadt.
Korpus von Professor Gerhard Marcks, Köln, 1956.

ERHALT BEI
UNS DEINEM
HERR WORT

der Kirchenkreise Herford und Minden im Jahr 1841. Auf Erlaß des königlichen Konsistoriums schließen sich Gemeinden aus beiden Bereichen zu dem neuen Kirchenkreis an Weser und Werre zusammen. Zunächst sind es zwölf; heute hat der Kirchenkreis 23 lutherische und eine reformierte Gemeinde mit insgesamt 78 000 Mitgliedern. Das sind etwa 80 Prozent der Gesamtbevölkerung dieser Region.
Eine Besonderheit im Kirchenkreis ist überdies die Autobahnkirche in Exter sowie die Kurseelsorge. Vom Kirchenkreis, in dem neben zahlreichen Rehabilitationskliniken auch das Herzzentrum des Landes Nordrhein-Westfalen liegt, sind ständig schätzungsweise 8 000 Kurgäste und Erholungssuchende zu betreuen.

Links:
St. Johannis-Kirche der Evangelisch-reformierten St. Johannis-Kirchengemeinde Vlotho. Die Ausstattung des achteckigen Zentralbaues stammt aus der Erbauungszeit 1782/83.

Rechts:
St. Stephans-Kirche der Evangelisch-Lutherischen St. Stephans-Kirchengemeinde Vlotho. Gotische Saalkirche mit Dachreiter, 1660 durch ein gleichbreites Südschiff erweitert.

Das Patronat der Fürsten

Bad Berleburg ist das städtische Zentrum des Kirchenkreises Wittgenstein im südlichen Westfalen. 40 000 evangelische Christen leben hier in 18 Kirchengemeinden. Drei davon sind Diasporagemeinden: Dorlar, Gleidorf und der bekannte Wintersportort Winterberg. Sie liegen außerhalb der Grenzen des Landkreises im katholisch geprägten Hochsauerland.

In Bad Berleburg steht das barocke Schloß der Grafen und Fürsten derer von Wittgenstein, von denen aus im Laufe der Jahrhunderte deutliche Impulse auf Glaube und Kirche ausgegangen sind. Ende des 17. Jahrhunderts nehmen die toleranten Grafen um ihres Glaubens willen Verfolgte aus Frankreich, der Schweiz und den Niederlanden auf.

Blick über Bad Laasphe im Wittgensteiner Land mit der Stadtkirche der Evangelischen Kirchengemeinde Bad Laasphe. Die um 1200 errichtete Kirche wurde um 1250 erweitert. Der alte Raum wurde dadurch zum nördlichen Seitenschiff. Die Turmhaube ist nach einem Brand 1782 in sehr hoher und eigenartiger Form erneuert worden.

Kirche in Puderbach der Evangelischen Kirchengemeinde Bad Laasphe. Kleiner, zweijochiger Saalbau aus der zweiten Hälfte des 13. Jahrhunderts. Der ganze Bau wirkt wie zur Verteidigung eingerichtet. Die Ausmalung stammt aus der Erbauungszeit.

Die Frömmigkeit der Flüchtlinge begründet eine pietistische Bewegung. Ausdruck davon ist die Gründung der heute in den USA beheimateten „Kirche der Brüder". Zeugnis pietistischer Literaturproduktion sind die acht Bände der 6000 Seiten umfassenden Berleburger Bibel, die zwischen 1726 und 1742 entstehen und eine Auslegung der Heiligen Schrift aus radikalpietistischer Sicht enthält.

Tradition wird in Wittgenstein hoch gehalten; die Vergangenheit strahlt in viele Bereiche bis in die heutige Zeit aus. So gibt es in den Ortschaften über ein Dutzend evangelischer Gemeinschaften und viele CVJM-Gruppen. Von der konfessionellen Zusammensetzung der Bevölkerung her ist Wittgenstein für die katholischen Christen Diaspora.

Nach dem Zweiten Weltkrieg entwickelt sich ein reges Fremdenverkehrs- und Kurwesen. In dem einst land- und forstwirtschaftlich orientierten „Ländchen" entstehen Kliniken, Sanatorien und Ferienheime. Keimzelle dafür ist die 1949 gegründete Klinik Wittgenstein, ein psychosomatisches Fachkrankenhaus in der Trägerschaft des Evangelischen Johanneswerkes (Bielefeld). Zusammen mit dem Kirchenkreis finden sich in Wittgenstein viele Hilfsgruppen.

Links:
Kirche in Sassenhausen der Evangelischen Kirchengemeinde Weidenhausen. Beispiel der im benachbarten Siegerland gebräuchlichen Schulkapellen, die Kirche und Schule unter einem Dach vereinigt.

Unten:
Kirche in Sassenhausen der Evangelischen Kirchengemeinde Weidenhausen. Die Inschrift über dem Portal sagt aus, daß die Kapelle von Baumeister MANNES RITESSEL im Jahr 1703 erbaut wurde, von dem auch die Ausstattung stammt.

Rechts:
Kirche der Evangelischen Kirchengemeinde Raumland, Mutterpfarre des Wittgensteiner Landes. Der jetzige Bau wurde etwa Mitte des 13. Jahrhunderts errichtet. Im Chor wurden Reste gotischer Wandmalereien freigelegt.

FRIEDE
SEI MIT
EUCH

Textautoren der kreiskirchlichen Porträts

Arnsberg: Jürgen Konik; Bielefeld: Walter Schroeder; Bochum: Stefanie Seimetz; Dortmund-Mitte, Dortmund-Nordost, Dortmund-Süd und Dortmund-West: Volker Brockhoff; Gelsenkirchen: Katharina Blätgen; Gladbeck-Bottrop-Dorsten: Werner Bugzel; Gütersloh: Klaus Bitter; Hagen: Christoph Schäffer; Halle: Udo Waschelitz; Hamm: Gerd Nowoczin; Hattingen-Witten: Inge Berger; Herford: Bernd Höner; Herne: Werner Beyna; Iserlohn: Gudrun Paßfeld; Lübbecke: Eberhard Laug; Lüdenscheid: Rolf Neuhaus; Lünen: Dieter Kock; Minden: Eberhard Laug; Münster: Jürgen Hülsmann; Paderborn: Heidi Welslau; Plettenberg: Bodo Krön; Recklinghausen: Hannspeter Seeber; Schwelm: Ernst Martin Greiling; Siegen: Andreas Permien; Soest: Gotwin Elbert; Steinfurt-Coesfeld-Borken: Hans-Werner Pohl; Tecklenburg: Hans-Werner Schneider; Unna: Tonino Nisipeanu; Vlotho: Klaus Schumacher; Wittgenstein: Dietrich Kühn. Redaktion dieser Texte: Michael Strauß

Bildnachweis

Wir danken den Inhabern und Verwaltern der Urheberrechte für die Erteilung der Abdruckgenehmigungen, insbesondere der Verwertungsgesellschaft Bild-Kunst, Bonn.
Seite 31 oben: Horst Moldenhauer; Seite 125: Westfälisches Landesamt für Denkmalpflege; Rückseitenbild oben: Klaus Heinrich Seidensticker. Alle übrigen Fotos von Reinhard Elbracht.